CLÁUSULAS PÉTREAS INSTITUCIONAIS

UMA PROPOSTA TEÓRICA SOBRE PODER DE REFORMA CONSTITUCIONAL, DIREITOS FUNDAMENTAIS E INSTITUIÇÕES

JORGE MAURICIO KLANOVICZ

CLÁUSULAS PÉTREAS INSTITUCIONAIS

UMA PROPOSTA TEÓRICA SOBRE PODER DE REFORMA CONSTITUCIONAL, DIREITOS FUNDAMENTAIS E INSTITUIÇÕES

2022

EDITORA JusPODIVM
www.editorajuspodivm.com.br

EDITORA
*Jus*PODIVM
www.editorajuspodivm.com.br

Rua Canuto Saraiva, 131 – Mooca – CEP: 03113-010 – São Paulo – São Paulo
Tel: (11) 3582.5757
• Contato: https://www.editorajuspodivm.com.br/sac

Copyright: Edições *Jus*PODIVM

Diagramação: Futura *(rogerio@futuraeditoracao.com)*

Capa: Cristiano Porto Klanovicz

63c Klanovicz, Jorge Mauricio.
Cláusulas Pétreas Institucionais: Uma Proposta Teórica Sobre Poder de Reforma Constitucional, Direitos Fundamentais e Instituições / Jorge Mauricio Klanovicz – São Paulo: Editora JusPodivm, 2022.
208 p.

Inclui bibliografia
ISBN 978-65-5680-653-2

1. Direitos Fundamentais. 2. Reforma Constitucional. I. Klanovicz, Jorge Mauricio. II. Título.

CDD 341.27

Agradecimentos

Este livro é a versão editorial da dissertação de mestrado por mim defendida, no segundo semestre de 2020, no Programa de Pós-Graduação em Direito da Universidade Católica de Brasília

Devo um agradecimento especialmente aos colegas do Ministério Público Federal com os quais travei discussões que, direta ou indiretamente, informal ou academicamente, contribuíram para o trabalho.

Agradeço também aos professores Edilson Vitorelli, Ela Wiecko, Guilherme Roman Borges e Paulo Gustavo Gonet Branco, cujas presenças na banca de qualificação e na banca examinadora final foram tão honrosas quanto desafiadoras para mim.

Por último, agradeço à minha família (Cristiano, Jorge, Regina e Sara), sem a qual nada tem sentido nesta vida.

Prefácio

O desconforto constitucional não é um problema novo. Em realidade, desde o momento em que se pensou em constituições rígidas, imodificáveis pela vontade imediata do parlamento, dos representantes do povo, a pergunta que permaneceu no ar sempre foi "quão rígidas"? Se, de um lado, a rigidez traz segurança e estabilidade, de outro, o mundo é inerentemente mutável e insiste em exigir novas soluções para novos problemas.

O art. 192 da Constituição de 1988 é, talvez, o grande exemplo desse desconforto. O seu nobre propósito de pretender limitar a taxa de juros, que bem poderia ser interpretado como direito fundamental do cidadão, acabou sendo retirado de cena, sem nunca ter sido aplicado, pela emenda constitucional 40, de 2003. O Direito legislado nasce no mundo das ideias, para depois vir para o mundo da prática. É só aí que se percebe que ideias que parecem muito boas em teoria não são tão boas na prática ou, mesmo sendo boas, não são tão fáceis de implementar.

O trabalho de Jorge Mauricio Klanovicz traz uma relevante contribuição justamente para esse problema: em que medida as instituições constitucionalmente consagradas podem ser modificadas por emendas constitucionais? É possível emenda para extinguir a Justiça do Trabalho e transferir as suas competências para a Justiça Federal? E para acabar com a Defensoria Pública e implementar o acesso à justiça das pessoas desprovidas de condições econômicas por advogados dativos? Competências do Ministério Público podem ser transferidas para a polícia judiciária? É possível fundir as polícias civil e militar para criar o chamado ciclo único de polícia?

Essas questões, longe de serem meramente teóricas, correspondem a propostas de emenda constitucional em tramitação, tramitadas ou, pelo menos, seriamente cogitadas pelos atores políticos. De outro lado, as instituições que são alvo dessas possíveis modificações invariavelmente respondem com a mesma retórica: como a instituição é instrumental à garantia de direitos fundamentais, qualquer emenda tendente a aboli-la ou a alterar suas competências impacta, ainda que indiretamente, nos direitos fundamentais que a instituição assegura. Logo, qualquer pretensão de mudança institucional é reputada inconstitucional, por violação ao art. 60, §4º, da Constituição.

Mas seria correta essa resposta simples? O arranjo institucional previsto pela Constituição de 1988 é, então, completamente imodificável, independentemente da passagem do tempo? O que Jorge Mauricio Klanovicz propõe nesta obra é um critério mais complexo, mas também mais preciso e profícuo para avaliar a adequação de mudanças institucionais ao texto da Constituição. Com ampla base empírica, que passa pela experiência norte-americana e alemã, para debater em profundidade teorias contratualistas e neocontratualistas, com destaque para Rawls, o autor propõe a releitura do papel das instituições enquanto instrumentos para a garantia de direitos fundamentais. Essa visão permite a construção de um filtro que, para além de discursos corporativos, possibilita avaliar não apenas quais instituições podem ser alteradas, como também em que limites essas alterações podem ser procedidas.

A pesquisa, desenvolvida no programa de pós-graduação em Direito da Universidade Católica de Brasília, um dos mais bem-avaliados do país, se apresenta em um texto claro e de fácil leitura, que lança luzes sobre teorias complexas e intrincadas, resultando em um livro inovador, tanto do ponto de vista teórico, quanto em aplicabilidade prática.

Foi uma honra ter podido orientar um trabalho com esse brilhantismo e, agora, apresentá-lo ao público em versão comercial. Tenho certeza de que a obra de Jorge Mauricio Klanovicz será um marco no debate sobre as cláusulas pétreas e as instituições que embasam a efetivação do texto constitucional.

Edilson Vitorelli

Professor do programa de Pós-Graduação em Direito da Universidade Católica de Brasília. Pós-doutor, doutor e mestre em Direito

Sumário

Introdução

Comentários iniciais: o mal-estar da constituição

A geração revolucionária de 1968 tinha uma máxima: nunca confiar em alguém com mais de trinta anos.[1]

Justamente ao completar trinta anos, a Constituição brasileira de 1988 passou a sofrer a mais séria crise de desconfiança de sua história.

Isso não significa que, antes disso, sua trajetória tenha sido exatamente tranquila e imune a questionamentos, que começaram ainda no calor do processo constituinte: o texto da ingovernabilidade, segundo o então presidente José Sarney; uma pletora de sonhos que podem virar pesadelo, de acordo com Delfim Netto; um produto assistemático e detalhista, conforme Celso Bastos. Quinze anos depois, a própria legitimidade da Constituição seria colocada sob suspeita, ante a revelação de que seu texto, por manobras da comissão de redação, talvez não fosse aquele regimentalmente aprovado.[2]

---

1. VENTURA, Zuenir. *1968: o ano que não terminou*. São Paulo: Editora Planeta do Brasil, 2008. p. 47.
2. LEITE SAMPAIO, José Adércio (coord.). *15 anos de Constituição*. Belo Horizonte: Del Rey, 2004. p. 01-02.

De qualquer modo, o fato é que, desde 1988, todas as crises políticas que o Brasil atravessou foram enfrentadas a partir do instrumental previsto na Constituição. Mesmo nos períodos de maior tensão, "a validade das ações jurídicas e políticas continuou a ser disputada a partir da gramática constitucional".[3] Em nenhum momento as instituições perderam sua capacidade de mediar conflitos. Todas as forças políticas com alguma relevância no país adotaram discursos de lealdade irrestrita à Constituição, que se firmou como pacto habilitador da democracia e provou uma resiliência sem paralelo nos períodos constitucionais pretéritos.

Esse quadro sofre uma alteração sensível a partir de 2013. Já há dez anos, o país vinha sendo dirigido por governos de orientação progressista. Os resultados econômicos e sociais eram em geral bastante satisfatórios. Apesar dos rotineiros embates judiciais e eleitorais, o clima político era ameno. No entanto, segundo a expressão de Fernando Henrique Cardoso, havia na trama um *fio desencapado*[4] despercebido.

De início motivados por aumentos no valor do transporte público, protestos de rua passaram a atrair multidões, mobilizadas pelas mais diversas pautas, acuando o *establishment* político.

3. VIEIRA, Oscar Vilhena. *A batalha dos poderes: da transição democrática ao mal-estar constitucional*. São Paulo: Companhia das Letras, 2018. p. 16-17.
4. Cardoso compara os eventos de 2013 ao que testemunhou em Paris, onde era professor, em maio de 1968. Os intensos protestos desse período na capital francesa, segundo ele, demonstraram que "a sociedade contemporânea pode mudar também por um fio desencapado, por uma centelha que aparece. E aquilo se propaga. Eu vi em Paris isso. Aqui no Brasil, em 2013, foi algo semelhante". WHAT happened to Brazil. Dirigido por Daniela Martins. Londres: British Broadcasting Corporation, 2018. 70 minutos.

A presidente da República, Dilma Rousseff, na tentativa de dialogar com as ruas e reagir à queda de sua popularidade, chegou a sugerir a convocação de uma assembleia nacional constituinte, com foco exclusivo na reforma das instituições, ideia da qual recuou rapidamente.

Embora não tenham impedido a reeleição da presidente, as mobilizações deixaram marcas e acabaram levando a uma mudança na correlação de forças do país. No começo plurais, os protestos ganharam tom ufanista e um discurso hegemonicamente moral, cujo símbolo maior passou a ser a chamada Operação Lava Jato. Somados a uma crise econômica muito intensa, que prejudicou inclusive os avanços sociais obtidos na década anterior, criaram-se as condições para a queda do governo e, logo em seguida, para a ascensão de um presidente abertamente hostil a valores básicos do constitucionalismo democrático.[5]

Nessa medida, passamos a viver o que Oscar Vilhena Vieira chamou de *mal-estar da Constituição*. É certo que, até o momento, não descambamos para um quadro de violência generalizada ou para uma clássica *crise constitucional*, em que as instituições perdem por completo a capacidade de coordenar o jogo político. Entretanto, é inegável que houve uma mudança no padrão das disputas políticas e institucionais. Com perigosa frequência,

---

5. A afirmação de que as mobilizações de 2013 estão na origem das condições que levaram o país à eleição de um candidato *antiestablishment* de extrema-direita é compartilhada por vários analistas e cientistas políticos. Por exemplo: CORBELLINI, Juliano; MOURA, Mauricio. *A eleição disruptiva: por que Bolsonaro venceu?* Rio de Janeiro: Record, 2019; VIEIRA, Oscar Vilhena. *A batalha dos poderes: da transição democrática ao mal-estar constitucional.* São Paulo: Companhia das Letras, 2018.

instituições usurpam atribuições entre si e agrupamentos políticos recorrem a expedientes pouco apropriados a um regime democrático. Embora até aqui a Constituição tenha se mostrado resiliente, não é possível assegurar que ela - cuja sobrevivência depende da vontade de seus próprios destinatários, e não de um agente externo – se manterá incólume. Não se pode garantir que o *mal-estar* não evolua para uma *crise clássica*, para uma *ruptura* ou, mais sutilmente, para uma *erosão*, processo em que a Constituição é destruída por dentro, pelas instituições que ela mesma criou.[6]

Sem dúvida, "a Constituição não é perfeita. Ela própria o confessa, ao admitir a reforma", anunciou Ulysses Guimarães. O constituinte derivado não hesitou em usar essa sua prerrogativa de reforma nas várias décadas de vida constitucional. Com mais de uma centena de emendas, nosso processo constituinte nunca se encerrou. De qualquer forma, com erros e acertos, limites e superações, esse processo – que se dá "na luta política real, e não na via acadêmica"[7], como bem observou Nelson Jobim – nunca avançou sobre o cerne axiológico da Constituição, sintetizado em suas cláusulas pétreas.[8]

Todavia, numa conjuntura de mal-estar da Constituição, já não se pode afastar facilmente a ameaça de erosão – que pode se manifestar, por exemplo, por meio de ataques a institutos protegi-

6. VIEIRA, Oscar Vilhena. *A batalha dos poderes: da transição democrática ao mal--estar constitucional.* São Paulo: Companhia das Letras, 2018. p. 16-17, 33-34, 38-42 e 66-68.
7. JOBIM, Nelson Azevedo. *A constituinte vista por dentro – vicissitudes, superação e efetividade de uma história real.* In: LEITE SAMPAIO, José Adércio (coord.). *15 anos de Constituição.* Belo Horizonte: Del Rey, 2004. p. 09.
8. VIEIRA, Oscar Vilhena. *A batalha dos poderes: da transição democrática ao mal--estar constitucional.* São Paulo: Companhia das Letras, 2018. p. 157 e 160.

dos pelas cláusulas pétreas. E esses ataques, ao contrário do que se poderia pensar, não partem necessariamente de setores refratários aos valores do constitucionalismo democrático. Também no lado oposto do espectro político – onde está a geração de 1968, agora desconfiada da Constituição com mais de trinta anos – irrompe a defesa de uma alteração profunda do pacto constitucional, em especial quanto ao perfil de certas instituições. Conservadores ou progressistas, movidos por sentimentos revanchistas ou pela compreensão honesta de que o arranjo institucional criado pelo pacto de 1988 não funcionou e precisa ser modificado, não são poucos os setores que sustentam, por exemplo, que é preciso revisar o papel e os poderes do Ministério Público. Noutro giro, também tem sido comum a defesa de que instituições como a Justiça do Trabalho devem ser extintas, por supostamente obstaculizarem o desenvolvimento econômico. No plano infraconstitucional, a Fundação Nacional do Índio e o Instituto Brasileiro do Meio Ambiente e dos Recursos Naturais Renováveis são, com frequência, alvos de investidas que buscam sabotar suas funções. Paralelamente a tudo isso, assistimos a um processo indisfarçável de militarização de instituições que nada têm – ou nada deveriam ter – de militares.

A teoria constitucional ressente-se da falta de um modelo abrangente apto a responder se e quais características das instituições em geral podem ser livremente modificadas pelo poder constituinte derivado ou mesmo pelo legislador e quais são protegidas por cláusulas pétreas.

Este trabalho tenta articular uma proposta teórica capaz de suprir parte dessa lacuna doutrinária, desenvolvendo o que chamamos de *cláusulas pétreas institucionais*.[9]

---

9. Até onde se sabe, este termo – *cláusulas pétreas institucionais* – ainda não foi utilizado pela teoria constitucional, sendo, portanto, uma novidade terminológica proposta pelo trabalho.

É preciso esclarecer que a obra não busca abranger características institucionais associadas a todas as quatro cláusulas pétreas previstas pela Constituição de 1988. A cada uma das cláusulas correspondem, seguramente, alguns atributos institucionais sem os quais elas se tornam vazias. A *forma federativa de Estado*, o *voto direto, secreto, universal e periódico* e a *separação de poderes*, para sua preservação, supõem um complexo aparato institucional. Este trabalho, todavia, limita-se à análise da estrutura institucional imposta pela cláusula pétrea dos *direitos e garantias individuais*.

Plano de trabalho

O primeiro capítulo apresenta os contornos da problemática da *rigidez constitucional*, problemática essa que subjaz qualquer discussão que se pretenda fazer sobre cláusulas pétreas. Após uma exposição sobre as tensões entre as pretensões de permanência e a necessidade de adaptabilidade do projeto constitucional, bem como entre as noções de constitucionalismo e democracia, o capítulo assume uma perspectiva eminentemente *histórica*. Por meio de um juízo retrospectivo das experiências constitucionais dos Estados Unidos da América e da Alemanha de Weimar, busca-se apresentar um juízo prospectivo sobre rigidez constitucional e promoção do constitucionalismo e da democracia. Nessa empreitada, é inevitável uma reconstrução cronológica das experiências. Em alguns momentos, pois, o capítulo assume um tom eminentemente descritivo, de reconstituição da atmosfera e do conjunto de condições políticas, econômicas e sociais de dados momentos históricos. Perceba-se que os temas da rigidez constitucional e das cláusulas pétreas estão situados nos *confins do Direito*. Como a Constituição, embora norma jurídica, é também uma proclamação política, que faz a conexão entre os universos político e jurídico, os debates sobre esses temas não têm como ser enfrentados apenas com base na dogmática jurídica, sendo deles inafastável um olhar histórico, muitas vezes descritivo.[10] De todo modo, ao final, o capítulo adota um tom prescritivo, apontando, com base nas experiências descritas, um conjunto de conclusões que confluem para o argumento de que tanto o excesso quanto a falta de rigidez constitucional tendem a ser nocivos.

Dito isso, considerando que as *cláusulas pétreas* são centrais na definição do grau de rigidez de um sistema, o segundo capítulo debruça-se sobre esse instituto. Após a apresentação de questões gerais relacionadas às cláusulas pétreas, são expostas as principais dificuldades que elas suscitam. A primeira dificuldade consiste num problema de democracia intergeracional. É conhecida a proposta de Thomas Jefferson, nos debates que precederam a promulgação da Constituição norte-americana, de que se realizasse uma convenção constituinte a cada dezenove anos, a fim de evitar um "governo dos mortos sobre os vivos". A questão que angustiava Jefferson agrava-se em tema de cláusulas pétreas. Trata-se do grau máximo de entrincheiramento de uma norma jurídica, cuja possibilidade de alteração é subtraída mesmo de maiorias qualificadas, senão mediante um processo de ruptura e elaboração de uma nova Constituição. Outra dificuldade reside no risco de arbítrio e decisionismo que decorre da atribuição do controle de constitucionalidade de emendas a

---

10. SARMENTO, Daniel; SOUZA NETO, Cláudio Pereira de. *Direito Constitucional: teoria, história e métodos de trabalho*. Belo Horizonte: Forum, 2013. p. 241.

um poder que, além de não eleito, vem se utilizando de técnicas de decisão e de interpretação muitas vezes carentes de qualquer rigor metodológico e da possibilidade de escrutínio democrático. Diversas linhas de justificação foram desenvolvidas como respostas teóricas a essas e a outras dificuldades. A adoção de uma ou outra linha pode implicar formas muito diferentes, mais ampliativas ou restritivas, de interpretar ou aplicar as cláusulas pétreas. A seguir, portanto, o capítulo explora algumas dessas linhas de justificação. São analisadas as ideias de *dualismo* (de Bruce Ackerman), de *pré-compromisso* (de Jon Elster) e de *neocontratualismo* (de John Rawls). O *neocontratualismo rawlsiano* irrompe como linha de justificação mais adequada ao enfrentamento dos diversos problemas relacionados às cláusulas pétreas. É ele, portanto, o principal referencial político-filosófico que ilumina o desenvolvimento das cláusulas pétreas institucionais. Como se vê, o segundo capítulo constitui um olhar predominantemente *político-filosófico* sobre as cláusulas pétreas.

O terceiro capítulo tem como objeto de estudo principal a *cláusula pétrea dos direitos e garantias individuais*. Com base nas premissas fixadas nos capítulos anteriores, é o momento de lançar um olhar sobre o texto constitucional - especialmente o art. 60, § 4º, IV – e sobre o modo adequado de interpretá-lo e aplicá-lo. Inicialmente, são delineadas algumas diretrizes gerais que devem informar a postura do Poder Judiciário no delicado exercício da função de invalidar emendas constitucionais por ofensas a essa cláusula. Após, são enfrentados outros problemas metodológicos e dogmáticos, como a possibilidade de imposição de restrições a direitos fundamentais, os limites dessas restrições, a abrangência da cláusula e sua relação com as noções alexyanas de *direitos a proteção* e *direitos a organização e procedimento*. Trata-se de capítulo em que, como se percebe, predomina um olhar *dogmático e metodológico*.

O trabalho não tem como base um marco teórico pronto e acabado. Não sem correr muitos riscos, ele procura construir seu próprio referencial teórico. É o que buscam os três capítulos iniciais, cada um com seu objeto (a *rigidez constitucional*, as *cláusulas pétreas em geral* e a *cláusula pétrea dos direitos e garantias individuais*) e instrumento analítico principal (a *História*, a *Filosofia Política* e a *Hermenêutica Constitucional*).

Finalmente, com base em tudo o que se disse, o quarto capítulo desenvolve algumas *cláusulas pétreas institucionais*. De início, são retomadas, em termos mais esquemáticos, premissas importantes firmadas no caminho percorrido. Em seguida, é esboçada uma breve definição de *cláusulas pétreas institucionais*, são expostas algumas regras gerais de operacionalização e, então, são apresentadas quatro cláusulas: *existência*, *independência*, *contramajoritariedade* e *capacidade institucional*. Por último, são identificados e rapidamente enfrentados alguns limites da proposta teórica formulada.

1. A problemática da rigidez constitucional

1.1 Tensões do projeto constitucional: permanência e adaptabilidade, constitucionalismo e democracia

A tensão entre as pretensões de *permanência* do projeto constitucional e a necessidade de sua *adaptabilidade* é questão que, há séculos, angustia atores políticos e estudiosos do Direito Constitucional.

A Constituição francesa de 1793 estabelecia que "um povo tem sempre o direito de rever, de reformar e de mudar sua constituição. Uma geração não pode sujeitar às suas leis as gerações futuras". Em linha similar, Thomas Jefferson, nos debates que precederam a promulgação da Constituição norte-americana, chegou a sustentar que deveria haver uma convenção para revisão constitucional a cada dezenove anos, a fim de "evitar um governo dos mortos sobre os vivos".

Por outro lado, se é verdade que Constituições limitam o conteúdo de deliberações futuras, criando problemas de legitimidade intergeracional, não é menos certo que são elas que asseguram direitos – como o direito ao voto e a liberdade de expressão – e definem normas – como regras de competência e de procedimento legislativo – que viabilizam as próprias deliberações, permitindo a continuidade da jornada democrática. Qualquer deliberação restaria inviabilizada sem normas dessa natureza.

Além disso, é preciso sempre considerar a advertência de Madison – formulada em resposta à proposta de Jefferson de uma revisão constitucional a cada dezenove anos - no sentido de que o reiterado apelo ao poder constituinte originário abalaria a estabilidade das instituições políticas.[1] De fato, não é possível conceber um sistema político minimamente estável caso sujeito a constantes chamamentos à soberania popular para elaboração de uma nova Constituição.

Vale observar, ainda, que, pelo menos entre o que a teoria política até hoje inventou, as Constituições são os instrumentos mais vocacionados à tutela de direitos fundamentais contra a vontade ocasional de maiorias hostis.[2] Elas têm, portanto, função que vai além da proteção de institutos relacionados à deliberação democrática e à estabilidade política.

Também em favor das pretensões de permanência de um projeto constitucional, convém notar que nem sempre a convocação do poder constituinte – seja para elaborar nova Constituição, seja para alterar uma Constituição em vigor – é

---

1. HAMILTON, Alexander; MADISON, James; JAY, John. *The Federalist Papers*. Oxford: Oxford University Press, 2008. p. 251.
2. SARMENTO, Daniel; SOUZA NETO, Cláudio Pereira de. *Direito Constitucional: teoria, história e métodos de trabalho*. Belo Horizonte: Forum, 2013. p. 24-25.

garantia de qualidade superior do processo deliberativo ou de prestígio da soberania popular e de valores democráticos. Citados por Rodrigo Brandão, Cass Sustein e Stephen Holmes lembram que, antes de ser deposto do governo russo por Boris Yeltsin, Ruslan Khasbulatov tinha em sua assessoria um grupo cuja função era apontar quando projetos de lei conflitavam com a Constituição. Percebido o conflito, o projeto de lei era transformado em projeto de emenda constitucional. O poder constituinte era invocado, pois, não para assegurar uma deliberação com qualidade superior, mas para combater inimigos políticos. A falta de rigidez constitucional, num caso como esse, torna a Constituição mero instrumento de ação política de grupos majoritários de ocasião.[3]

Enfim, tanto as pretensões de permanência do projeto constitucional quanto a necessidade de sua adaptabilidade têm em seu favor diversos argumentos.

Na verdade, associado a essa tensão - entre permanência e adaptabilidade – existe outro conflito. Trata-se do conflito entre *constitucionalismo* e *democracia*.

O constitucionalismo é um ideário que preconiza a limitação do poder político em favor dos direitos dos cidadãos. Evidentemente, o conceito e os arranjos institucionais a ele correspondentes têm variações. Mas alguns institutos têm se tornado hegemônicos mundo afora como meios de promoção do constitucionalismo. São exemplos notáveis a noção

---

3. BRANDÃO, Rodrigo. *Direitos fundamentais, democracia e cláusulas pétreas.* Rio de Janeiro: Renovar, 2008. p. 164.

de separação de poderes, as cláusulas pétreas e o controle de constitucionalidade.

Ocorre que, por vezes, institutos como as cláusulas pétreas – por meio das quais uma geração limita o conteúdo das deliberações de uma geração futura – e o controle de constitucionalidade – que atribui a indivíduos não eleitos o poder de invalidar decisões tomadas por representantes eleitos – se chocam com a noção de democracia. É certo que democracia não é um conceito que se esgota numa simples aritmética de maioria e minoria. Mas as noções de *vontade da maioria, soberania popular* e *governo do povo* são dela inseparáveis. As ordens políticas democráticas fundam-se no "ideal de autodeterminação coletiva, no sentido de que, sendo o povo soberano, as decisões coletivas de caráter coercitivo devem ser tomadas por todos aqueles que estão sujeitos aos seus ditames".[4] Qualquer instituto que tensione essa máxima – como os institutos típicos do constitucionalismo fazem - precisa de pesada justificação.

Para tal justificação, já não é possível recorrer ao Direito Natural. O Direito Natural tem como pressuposto a imutabilidade de certos princípios, que escapam à História, e a universalidade de tais princípios, que escapam à Geografia. A esses princípios – que são dados, e não decorrentes de uma convenção – os homens têm acesso por meio da razão comum a todos.[5] O pensamento contemporâneo, porém, já não admite essa ideia de que a lei – ou a Constituição - é algo previamente

4. BRANDÃO, Rodrigo. *Direitos fundamentais, democracia e cláusulas pétreas.* Rio de Janeiro: Renovar, 2008. p. 36.

5. LAFER, Celso. *A reconstrução dos direitos humanos: um diálogo com o pensamento de Hannah Arendt.* São Paulo: Companhia das Letras, 1988. p. 15.

existente, inscrito em alguma espécie de Direito Natural, apenas revelado ou descoberto pela razão humana. A Constituição decorre da vontade humana. É preciso, portanto, explicar por que o ato de vontade que resulta numa Constituição deve ter supremacia sobre a vontade de uma maioria e de uma geração futura.

Não é fácil, enfim, conciliar as tensões que se apresentam – entre permanência e adaptabilidade, entre constitucionalismo e democracia. Em busca de uma solução conciliatória, convém analisar algumas experiências constitucionais específicas.

Lafer analisa a irrupção do totalitarismo por meio de um *juízo retrospectivo* que guia e conduz um *juízo prospectivo* sobre a reconstrução dos direitos humanos. Edifica um *argumento fundado no exemplo*, que se baseia no *princípio da semelhança* e adquire autoridade quando revestido de uma *dimensão paradigmática*.[6]

Trata-se de algo similar ao que se busca fazer em seguida. Por meio de um juízo retrospectivo de certas trajetórias constitucionais, tenta-se apresentar um juízo prospectivo sobre rigidez constitucional e promoção do constitucionalismo e da democracia.

Nessa medida, o modelo inglês, por exemplo, ao enfatizar as noções de direitos historicamente fundados imunes aos poderes constituídos, prestigiou o ideal constitucionalista mais do que o ideal democrata. Já o modelo francês, ao atribuir aos

6. LAFER, Celso. *A reconstrução dos direitos humanos: um diálogo com o pensamento de Hannah Arendt*. São Paulo: Companhia das Letras, 1988. p. 308.

seus constituintes um poder soberano e originário, valorizou o ideal democrata mais do que o ideal constitucionalista.[7]

A seguir, são analisadas mais detalhadamente duas experiências: a norte-americana e a alemã de Weimar. Nessa análise, merecem especial atenção as cláusulas pétreas, institutos indissociáveis da aferição do grau de rigidez de uma Constituição.

1.2 A experiência norte-americana

1.2.1 Filadélfia e a primeira ruptura

A Constituição norte-americana é um caso paradigmático dos problemas que a rigidez constitucional extrema pode gerar.

A Convenção da Filadélfia, em 1787, costuma ser apontada como o marco inaugural da história constitucional norte-americana. Na verdade, entretanto, essa história tem início antes.

Os Estados Unidos da América declararam sua independência em 1776. No ano seguinte, com o fim de estabelecer normas básicas de convivência e de defesa mútua dos interesses comuns das treze colônias britânicas recém independentes, o segundo Congresso Continental aprovou os denominados Artigos da Confederação. O art. XII desse documento dispôs que "os artigos são perpétuos e só podem ser alterados com a aprovação do Congresso e a ratificação de todos os órgãos legislativos locais". Ou seja, qualquer alteração dos artigos somente seria admitida por meio da decisão unânime de todas as treze colônias.

---

7. BRANDÃO, Rodrigo. *Direitos fundamentais, democracia e cláusulas pétreas.* Rio de Janeiro: Renovar, 2008. p. 78-79.

A unanimidade imposta para qualquer modificação não demoraria a criar dificuldades, que suscitaram diversos debates por ocasião da Convenção da Filadélfia. Esses debates tiveram como resultado a aprovação de uma nova Constituição, cuja vigência ficava condicionada ao estabelecido em seu art. VII: "A ratificação por Convenções de nove Estados deve ser suficiente para o estabelecimento desta Constituição entre os Estados que a ratificarem". Dito de outro modo, a suplantação dos Artigos da Confederação por uma Constituição, contrariando o que aqueles exigiam, ocorreu não por meio da unanimidade, mas por deliberação de nove dos treze estados. Trata-se de uma situação de ruptura, motivada pela rigidez extrema dos Artigos.

Essa rigidez levou os convencionais da Filadélfia a buscarem um mecanismo mais simples de alteração da Constituição que nascia. George Mason, representante da Virgínia, alertou que "o plano que está agora sendo formulado será certamente defeituoso, como o foi a Confederação. Emendas serão, portanto, certamente necessárias, sendo melhor autorizar a sua existência de forma fácil, regular e constitucional do que confiar na sorte ou na violência". George Washington, presidente da convenção, em linha semelhante, sustentava que a Constituição não era livre de imperfeições e que deveria haver uma "porta constitucional aberta".[8]

A possibilidade de emenda constitucional foi aprovada não sem polêmica. Para os federalistas, o processo de emenda deveria estar concentrado na União, por meio do Congresso Nacional. Para os antifederalistas, o processo deveria passar pela

8. VIEIRA, Oscar Vilhena. *A constituição e sua reserva de justiça: um ensaio sobre os limites materiais ao poder de reforma*. São Paulo: Malheiros, 1999. p. 61-62.

decisão dos estados. Além disso, desde então estados do norte e do sul divergiam sobre uma questão decisiva: a escravidão. A solução conciliatória a que se chegou foi estabelecer um procedimento de emenda que passa necessariamente pela União e pelos estados. O art. V da Constituição norte-americana dispôs que emendas podem ser propostas por dois terços do Congresso ou dos legislativos estaduais; no primeiro caso, precisam da aprovação de três quartos dos legislativos estaduais; no segundo, necessitam de aprovação de convenções especialmente convocadas para esse fim, também por três quartos. Ainda, estabeleceu-se que nenhum estado poderia ter sua representação no Senado reduzida sem seu próprio consentimento, bem como que até o ano de 1808 não poderia ser instituída norma proibindo a importação de escravos. Essa última regra configurou uma espécie de cláusula pétrea temporária.

Como se percebe, embora tenha estabelecido a possibilidade de sua própria alteração e não tenha previsto cláusulas pétreas em sentido estrito, a Constituição norte-americana é de modificação extremamente difícil. Trata-se de uma das Constituições mais rígidas hoje em vigor no mundo. Tal rigidez, ao dificultar alterações formais, levou a Suprema Corte a assumir um papel proeminente de atualização do texto, o que suscita sérios problemas e questionamentos à legitimidade de juízes - não eleitos – para promover a mudança de documento oriundo da vontade popular. Essa rigidez, além disso, não demoraria a provocar uma nova situação de ruptura.[9]

9. VIEIRA, Oscar Vilhena. *A constituição e sua reserva de justiça: um ensaio sobre os limites materiais ao poder de reforma.* São Paulo: Malheiros, 1999. p. 62-64 e 68.

1.2.2 Guerra Civil, Reconstrução e a segunda ruptura

A nova ruptura está associada à já mencionada questão da escravidão. Esse tema era o principal motivo de tensão entre estados do sul – conservadores e escravistas – e do norte – mais progressistas.

A escravidão foi assegurada na Constituição norte-americana por três dispositivos. Além da cláusula que vedava que até 1808 fosse instituída norma proibindo a importação de escravos (art. I, seção 9), um dispositivo estabelecia que o número de representantes de cada estado na Câmara seria fixado conforme o seu número de "pessoas livres" e "três quintos de todas as outras pessoas" (art. I, seção 2); outra cláusula determinava que os estados devolvessem qualquer escravo eventualmente fugido à pessoa "a que estiver submetido" (art. IV, seção 2).[10]

Esse arcabouço normativo encontrou forte apoio na Suprema Corte norte-americana, que desenvolveu orientação no sentido de vedar que a União legislasse para enfraquecer o instituto da escravidão. É paradigmático no tema o caso *Scott vs. Sandford*, de 1857, quando, pela segunda vez em sua história, o tribunal declarou inconstitucional um ato normativo (a primeira vez ocorrera em 1803, no notável caso *Marbury vs. Madison*). Dred Scott, escravo, em 1837, mudou-se, com seu proprietário, do Missouri para Illinois e, em seguida, para Minessota, então parte do território federal da Louisiana. Tanto em Illinois, por força de sua Constituição, quanto em Minessota, por força de lei federal (o *Missouri Compromise Act*), a escravidão havia sido

10. VIEIRA, Oscar Vilhena. *A constituição e sua reserva de justiça: um ensaio sobre os limites materiais ao poder de reforma*. São Paulo: Malheiros, 1999. p. 69.

proibida. Após retornar ao Missouri, Dred Scott reivindicou sua liberdade, com amparo no período em que permaneceu em território onde a escravidão fora abolida e no princípio *once free, always free*, acolhido em precedentes do Judiciário local. A Suprema Corte, porém, ao se deparar com o caso em grau de recurso, por maioria de 7 a 2, seguindo a *opinion* do *Justice* Taney, entendeu que Dred Scott não podia ser considerado um cidadão, o que implicava sua falta de legitimidade para postular em juízo. Acrescentou que o Congresso não tinha poderes para abolir a escravidão, mesmo em território federal, e que escravos eram propriedade privada protegida pela Constituição.[11]

Apesar da posição conservadora da Suprema Corte, era grande o receio dos estados do sul em face do aumento da pressão contra os institutos que amparavam a escravidão. O temor fundava-se, em síntese, nas diferenças entre os sistemas econômicos do norte e do sul e na incorporação de novos territórios não-escravistas pela União.[12] Perceba-se que, em meados do século XIX, estava em curso uma forte expansão territorial dos Estados Unidos da América em direção ao oeste. As novas terras anexadas eram convertidas em territórios federais, livres da escravidão, segundo o *Missouri Compromisse Act*.[13]

---

11. *Scott vs. Sandford*, 60 US 393 (1857). EHRLICH, Walter. *Scott vs. Sandford*. In: HALL, Kermit L; ELY JR., James W. *The Oxford Guide to United States Supreme Court Decisions*. New York: Oxford University Press, 2009. p. 322-324; SOUTO, João Carlos. *Suprema Corte dos Estados Unidos: principais decisões*. São Paulo: Atlas, 2015. 2a ed. p. 53-59.

12. VIEIRA, Oscar Vilhena. *A constituição e sua reserva de justiça: um ensaio sobre os limites materiais ao poder de reforma*. São Paulo: Malheiros, 1999. p. 71.

13. SOUTO, João Carlos. *Suprema Corte dos Estados Unidos: principais decisões*. São Paulo: Atlas, 2015. 2a ed. p. 55.

Esse temor alcançou seu nível mais alto em 1860, com a eleição de Abraham Lincoln, antiescravista e crítico da posição adotada no caso *Dred Scott* pela Suprema Corte, um dos últimos redutos oficiais simpáticos aos interesses do sul. Em dezembro de 1860, a Carolina do Sul rompeu o laço federativo, sendo logo seguida por vários outros estados sulistas. Algumas medidas ainda foram adotadas com o fim de tentar atraí-los de volta para a União. A mais relevante foi a chamada *emenda Corwin*, de autoria do congressista Thomas Corwin, que passaria a impossibilitar a interferência do Poder Legislativo federal em questões domésticas dos estados – entre as quais a principal era, claro, a escravidão. A emenda, porém, embora aprovada pela Câmara e pelo Senado, foi ratificada apenas por três estados, não chegando a ter vigência. O quadro, enfim, não demoraria a evoluir para um conflito militar de grandes proporções, que causaria a morte de mais norte-americanos do que as duas guerras mundiais somadas às guerras da Coréia e do Vietnã.[14]

Em 1864, com o conflito militar já em seu fim e uma clara vitória dos estados do norte, foi aprovada pelo Senado e pela Câmara a XIII Emenda à Constituição dos Estados Unidos da América, abolindo a escravidão. A emenda apenas foi aprovada no Congresso em razão da ausência de representantes dos estados sulistas, autodenominados Estados Confederados, que, como visto, haviam rompido os laços com o norte. Em seguida, a ratificação por três quartos dos estados somente foi obtida em função da presença militar da União nos estados do

14. VIEIRA, Oscar Vilhena. *A constituição e sua reserva de justiça: um ensaio sobre os limites materiais ao poder de reforma*. São Paulo: Malheiros, 1999. p. 71-72.

sul e da imposição da ratificação da emenda como um requisito para a reintegração à União.[15]

A XIV e XV emendas, que asseguraram a cidadania e o direito de voto aos antigos escravos, foram aprovadas no mesmo contexto. A propósito, o presidente Andrew Johnson, sucessor de Abraham Lincoln, chegou a sofrer um processo de *impeachment* em razão de bloqueio que tentou impor à XIV emenda. O *impeachment* foi evitado no Senado por apenas um voto.[16]

Enfim, como se vê, as chamadas *emendas de reconstrução* – que aboliram a escravidão, levaram a cidadania da população negra a um novo patamar e reconfiguraram o federalismo norte-americano – somente foram aprovadas num contexto muito peculiar, de guerra e imposição. Pela segunda vez na história dos Estados Unidos da América, transformações políticas exigiram uma ruptura com o padrão de rigidez constitucional estabelecido.[17]

1.2.3 Lochner, New Deal e a terceira ruptura

Finalmente, é possível apontar um terceiro momento de ruptura na trajetória constitucional norte-americana. Em 1933, Franklin Delano Roosevelt assumiu a presidência do país em meio a uma crise econômica sem precedentes. Imediatamente, apresentou ao Congresso Nacional um pacote de mudanças

15. VIEIRA, Oscar Vilhena. *A constituição e sua reserva de justiça: um ensaio sobre os limites materiais ao poder de reforma*. São Paulo: Malheiros, 1999. p. 72-74.
16. ACKERMAN, Bruce. *We the people: foundations*. Cambridge: The Belknap Press, 1991. v. 1. p. 47-48.
17. VIEIRA, Oscar Vilhena. *A constituição e sua reserva de justiça: um ensaio sobre os limites materiais ao poder de reforma*. São Paulo: Malheiros, 1999. p. 75-76.

legais – conhecido como *New Deal* – que impactava o direito de propriedade e as relações entre estados e União. O governo optou pela via das mudanças legislativas, e não constitucionais, em razão das dificuldades que a Constituição estabeleceu para emendas. O Congresso Nacional não ofereceu oposição ao pacote, que, todavia, acabou encontrando forte resistência na Suprema Corte.[18]

A Suprema Corte vivia a assim chamada *era Lochner*, cujo nome tem origem no caso *Lochner vs. New York*, de 1905. Em tal caso, seguindo a *opinion* do *Justice* Peckham, por escassa maioria de 5 a 4, o Tribunal invalidou uma lei do estado de Nova York (*The Bakershop Act*) que limitava a jornada de trabalho dos padeiros a dez horas diárias e sessenta horas semanais. De acordo com o entendimento que prevaleceu, a lei violava a dimensão substantiva do devido processo legal, a liberdade contratual e, por conseguinte, a XIV emenda à Constituição.[19]

Em linha similar, em 1935, no caso *Schecter Poultry Corp. vs United States*, a Suprema Corte julgou inconstitucional o *National Industrial Recovery Act*. Em 1936, no caso *Carter vs. Carter Coal Co.*, declarou inconstitucional o *Bituminous Coal Conservation Act*. As competências legislativas da União são previstas taxativamente na Constituição dos Estados Unidos e não contemplam a intervenção nas relações de trabalho e na economia. Exceção é a autorização constitucional para a União

---

18. VIEIRA, Oscar Vilhena. *A constituição e sua reserva de justiça: um ensaio sobre os limites materiais ao poder de reforma*. São Paulo: Malheiros, 1999. p. 77.

19. *Lochner vs. New York*, 198 US 45 (1905). KENS, Paul. *Lochner vs. New York*. In: HALL, Kermit L; ELY JR., James W. *The Oxford Guide to United States Supreme Court Decisions*. New York: Oxford University Press, 2009. p. 189-192.

"regular o comércio com nações estrangeiras, entre os diversos estados, e com as tribos indígenas" (art. I, seção 8, cláusula 3). As medidas legislativas adotadas no contexto do *New Deal* baseavam-se nesse dispositivo, chamado *Commerce Clause*. A Suprema Corte, porém, entendeu que o *Industrial Recovery Act* e o *Bituminous Coal Conservation Act* transgrediam a cláusula. Para o Tribunal, a União estava se utilizando de um falso pretexto – comércio entre estados - para legislar, na verdade, sobre liberdade contratual e relações de trabalho, o que exorbitava suas competências.[20] De outra parte, como se observou no caso *Lochner vs. New York*, a Suprema Corte resistia a que mesmo os estados pudessem regular a propriedade e a liberdade contratual, sob pena de ofensa à dimensão substantiva do devido processo legal.

Esse quadro levou Roosevelt, fortalecido com um resultado eleitoral muito favorável em 1936, a partir para um ataque à Suprema Corte. Em 1937, o governo apresentou um projeto de alteração da composição do Tribunal (*Court Packing Plan*), segundo o qual para cada juiz que completasse setenta anos e não se aposentasse o presidente poderia indicar um novo magistrado. O objetivo indisfarçável era formar maioria judicial favorável ao *New Deal*. No discurso em que apresentou o projeto, Roosevelt assinalou: "Desde que surgiu o movimento

20. *Schecter Poultry Corp. vs United States, 249 US 495 (1935)*. PRITCHETT, C. Herman. *Schecter Poultry Corp. vs United States*. In: HALL, Kermit L; ELY JR., James W. *The Oxford Guide to United States Supreme Court Decisions*. New York: Oxford University Press, 2009. p. 320-321; *Carter vs. Carter Coal Co., 298 US 238 (1936)*. MALESON, Diane C. *Carter vs. Carter Coal Co*. In: HALL, Kermit L; ELY JR., James W. *The Oxford Guide to United States Supreme Court Decisions*. New York: Oxford University Press, 2009. p. 55-56.

moderno de progresso social e econômico através da legislação, a Corte tem, cada vez com maior frequência e ousadia, se valido do seu poder de vetar leis aprovadas pelo Congresso ou pelos legislativos estaduais (...). Nós chegamos a um ponto em que a Nação deve tomar uma atitude para salvar a Constituição da Corte e para salvar a Corte de si mesma".[21]

Enquanto se debatia o *Court Packing Plan* no Congresso, a Suprema Corte, pressionada, mudou sua orientação. Em 1937, no caso *West Coast Hotel Co. vs Parrish*, a Corte entendeu que a fixação de salário-mínimo para mulheres pelos estados não violava a liberdade contratual; estados passavam a poder legislar sobre o tema. Em seguida, no mesmo ano, no caso *NLRB vs. Jones & Laughlin Steel Corp.*, a Corte julgou constitucional o *National Labor Relations Act*, admitindo que também a União intervisse no domínio econômico.[22] Essa alteração de entendimento da Suprema Corte tornou desnecessária a aprovação do *Court Packing Plan*.

Ackerman identifica semelhanças entre esse giro da Suprema Corte e o já aludido recuo do presidente Andrew Johnson em sua tentativa de bloquear a XIV emenda. É possível iden-

---

21. MURPHY, Walter F.; FLEMING, James E.; BARBER, Sotirios A. *American Constitutional Interpretation*. New York: The Foundation Press, 1995. p. 320-321.

22. *West Coast Hotel Co. vs Parrish,* 300 US 379 (1937). LEONARD, Charles A. *West Coast Hotel Co. vs Parrish*. In: HALL, Kermit L; ELY JR., James W. *The Oxford Guide to United States Supreme Court Decisions*. New York: Oxford University Press, 2009. p. 377-378; *National Labor Relations Board vs vs. Jones & Laughlin Steel Corp.,* 301 US 1 (1937). CORTNER, Richard C. *National Labor Relations Board vs vs. Jones & Laughlin Steel Corp.* In: HALL, Kermit L; ELY JR., James W. *The Oxford Guide to United States Supreme Court Decisions.* New York: Oxford University Press, 2009. p. 244-245.

tificar um esquema comum a ambas as situações, que começa com um impasse político e é seguido de eleições decisivas que desafiam os setores conservadores e levam ao *switch in time.*[23] No caso do *New Deal*, como bem observa Vilhena Vieira, "a ruptura com a Constituição se deu de forma mais sutil, uma vez que sequer chegou a haver qualquer alteração formal no texto da Constituição".[24] De todo modo, a origem da crise, mais uma vez, foi a rigidez constitucional extrema. A dificuldade de emendar a Constituição levou Roosevelt, mesmo com amplo apoio político e popular, a propor importantes alterações no sistema econômico e federativo pela via legislativa, e não constitucional. A superação do bloqueio judicial a essas mudanças legislativas somente foi possível por meio de constrangimentos impostos à Suprema Corte.

1.3 A experiência de Weimar

1.3.1 Frágil República

Ao contrário do exemplo norte-americano, a Constituição alemã de Weimar, de 1919, é expressão dos inconvenientes associados à falta de rigidez constitucional.

A República de Weimar é consequência direta da Primeira Guerra Mundial. Em 1914, o apoio à guerra e o regime monárquico de Guilherme II eram quase unanimidade nacional na Alemanha. Insucessos militares e a crise social, no entanto,

---

23. ACKERMAN, Bruce. *We the people: foundations*. Cambridge: The Belknap Press, 1991. v. 1. p. 49.

24. VIEIRA, Oscar Vilhena. *A constituição e sua reserva de justiça: um ensaio sobre os limites materiais ao poder de reforma*. São Paulo: Malheiros, 1999. p. 85.

não tardaram a levar a uma mudança na correlação de forças e ao surgimento, de todos os lados, de reivindicações de paz e democracia. Em outubro de 1918, a Constituição de 1871 foi alterada, ampliando os poderes do parlamento. No mês seguinte, paralelamente à assinatura de um armistício, a monarquia cairia de vez. "A Alemanha estava no limiar de uma nova era", em que se amontoavam milhares de esfomeados, revoltados e quase dois milhões de mortos na guerra.[25]

Coube ao novo governo social-democrata a convocação de eleição para uma assembleia constituinte. A eleição ocorreu em 19 de janeiro de 1919, com comparecimento de quase noventa porcento do eleitorado. Tais números representaram uma derrota dos setores situados mais à esquerda do espectro político, que haviam se posicionado pela abstenção. Por outro lado, tampouco foram vitoriosos os grupos localizados à direita, que não chegaram a oito porcento dos votos. Triunfaram os partidos com posições pela democratização das instituições, pelo fim da guerra e contra a monarquia, sem adesão ao ideário socialista. Juntos, os chamados majoritários (centristas), o *Zentrum* (conservador moderado) e os democratas (fusão entre progressistas e nacional-liberais) somaram 75% dos votos. Era sobre essa aliança que a nova Constituição teria de ser construída.

O lugar escolhido para a assembleia constituinte foi Weimar, uma cidade interiorana de seis mil habitantes, distante da agitação de Berlim. Logo de início a assembleia teve de lidar com um problema espinhoso: o tratado de paz com os vencedores da guerra. Um esboço elaborado em Paris, sem nenhuma

25. RICHARD, Lionel. *A República de Weimar*. São Paulo: Companhia das Letras, 1988. p. 09, 18, 23, 28-31, 39 e 44.

discussão com os alemães, foi muito mal recebido pela opinião pública. O tratado impunha à Alemanha a perda de cerca de um oitavo de seu território, limitações ao seu contingente militar e proibição ao serviço militar obrigatório. Após meses de sobressaltos, em junho, a assembleia aprovou os termos de tratado, assinado em Versalhes. Já a discussão sobre o projeto de Constituição, elaborado por Hugo Preuss, um professor da Universidade de Berlim de origem judaica, estendeu-se um pouco mais. A nova Constituição foi promulgada em 11 de agosto de 1919.[26]

Uma acentuada preocupação com a democratização das instituições norteara os debates. "Os especialistas em direito constitucional haviam procurado introduzir em benefício da República de Weimar o máximo de disposições democráticas", anota Richard.[27] Direitos sociais foram estabelecidos. Foi previsto o sufrágio universal para eleição do parlamento e do presidente da República. O Legislativo teve seus poderes ampliados.

Por outro lado, a própria Constituição autorizava o presidente da República a suspender direitos fundamentais e poderes do parlamento e dos estados em situações de ameaça à ordem e à segurança (art. 48). Richard bem observa: "Grande portanto era o risco de ver esse sistema elaborado em Weimar – as circunstâncias mostraram-no no fim dos anos 20 – gerar a ineficácia, a impotência parlamentar e a ditadura. Foi recor-

26. RICHARD, Lionel. *A República de Weimar*. São Paulo: Companhia das Letras, 1988. p. 47 e 50-53.

27. RICHARD, Lionel. *A República de Weimar*. São Paulo: Companhia das Letras, 1988. p. 150.

rendo ao artigo 48 que o marechal Hindenburg, presidente da República, nomeou Hitler para o posto de chanceler a 30 de janeiro de 1933".[28]

Além disso, a Constituição de Weimar inseria-se na tradição constitucional então vigente na Europa em que Constituições eram flexíveis, não assumiam a posição de uma norma superior e não estabeleciam limites materiais à sua própria reforma. Entre outras razões, Vilhena Vieira atribui esse fenômeno à ambiguidade com que a teoria do poder constituinte era compreendida no continente europeu. Com as restaurações monárquicas, a noção de que o poder constituinte era titularizado pelo povo foi substituída por certa ideia de que sua titularidade era, na verdade, compartilhada entre o rei e o parlamento. Não se aceitava o conceito de soberania popular. A soberania e o poder constituinte estariam em permanente e constante exercício pelo rei e pelo parlamento, não sendo possível limitá-los.[29]

Nessa medida, no século XIX, exceto a Constituição norueguesa de 1814 e a Constituição francesa de 1875, nenhuma Constituição europeia estabeleceu limites à sua própria alteração. A Constituição alemã de 1919 tampouco tinha cláusulas pétreas. Era expressa quanto à possibilidade de reforma pela via legislativa ordinária, apenas exigindo uma maioria qualificada nas duas casas do Congresso (art. 76).[30]

---

28. RICHARD, Lionel. *A República de Weimar*. São Paulo: Companhia das Letras, 1988. p. 55.

29. VIEIRA, Oscar Vilhena. *A constituição e sua reserva de justiça: um ensaio sobre os limites materiais ao poder de reforma*. São Paulo: Malheiros, 1999. p. 87-89.

30. VIEIRA, Oscar Vilhena. *A constituição e sua reserva de justiça: um ensaio sobre os limites materiais ao poder de reforma*. São Paulo: Malheiros, 1999. p. 90 e 94.

A Constituição de Weimar nunca fui hegemônica. Menos pelo conteúdo da Constituição do que pela aceitação de um tratado de paz considerado humilhante pela sociedade alemã, Weimar, onde estava sepultado Goethe e até então um símbolo da herança cultural clássica, passara a evocar sentimentos de capitulação e fraqueza. O fato de o projeto de Constituição ser de autoria de um jurista de origem judaica também seria explorado pela propaganda antissemita: "os nacionalistas, depois os nazistas, logo aprenderiam a tirar dali a incitação à desforra e, de novo, à guerra".[31]

Essa problemática era agravada pela crise social e econômica que se abateu sobre a Alemanha na década de 1920. Em 1924, apenas dez porcento dos alemães tinham um mínimo vital. O desemprego e a miséria vicejavam. A inflação ameaçava tornar a impressão de uma cédula mais cara do que seu próprio valor. Paralelamente, o país tornara-se um paraíso para turistas estrangeiros, o que estimulava sentimentos xenofóbicos. Em 1925, uma reação econômica chegou a ser esboçada, com controle da inflação e redução expressiva do desemprego. Mas, em 1929, com a crise econômica nos Estados Unidos da América, a Alemanha imergiu no caos.[32]

Em suma, a República de Weimar, de 1919 a 1933, configura período em que, "com a colaboração da miséria, a angústia do presente e o medo do futuro se tornam então na Alemanha

---

31. RICHARD, Lionel. *A República de Weimar*. São Paulo: Companhia das Letras, 1988. p. 55-56; VIEIRA, Oscar Vilhena. *A constituição e sua reserva de justiça: um ensaio sobre os limites materiais ao poder de reforma*. São Paulo: Malheiros, 1999. p. 98.
32. RICHARD, Lionel. *A República de Weimar*. São Paulo: Companhia das Letras, 1988. p. 94-95, 101-102, 108 e 112.

fenômenos coletivos". A República "não conhece um desenvolvimento progressivo contínuo, mas uma alternância entre situações extremas".[33]

Trata-se, como se vê, de contexto muito propício à radicalização política. Pela esquerda e pela direita, ações armadas e tentativas de golpe tornaram-se comuns. Foi nesse ambiente que, em 1923, um certo Adolf Hitler, membro do Partido Nacional-Socialista dos Trabalhadores Alemães, subiu numa mesa de uma cervejaria de Munique e declarou a destituição do governo. A rebelião foi debelada e Hitler acabou preso. Mas, em meio à ruína social e econômica, numa atmosfera de antirrepublicanismo, antissemitismo e anticomunismo, seu partido, combinando forte propaganda nacionalista e o recrutamento de grupos paramilitares, passaria a crescer continuamente.

1.3.2 Retórica da legalidade e ascensão nazista

Hitler chegaria ao governo em janeiro de 1933, rigorosamente de acordo com a Constituição e com amplo apoio popular. Apesar de antissistema, o nazismo invariavelmente se utilizou de uma retórica da legalidade e da promessa de que alcançaria o poder e governaria em conformidade com os procedimentos estabelecidos na Constituição de 1919. Ouvido como testemunha em um processo, em 1930, Hitler chegou a falar sobre o tema à Suprema Corte. A Constituição, lembre-se, não tinha cláusulas pétreas e não oferecia qualquer óbice a alterações em seu conteúdo.[34]

33. RICHARD, Lionel. *A República de Weimar*. São Paulo: Companhia das Letras, 1988. p. 10.

34. RICHARD, Lionel. *A República de Weimar*. São Paulo: Companhia das Letras, 1988. p. 59, 100-101 e 125-128.

A promessa de lealdade formal ao Direito foi importante para que o nazismo contasse com a adesão da burocracia estatal. "Como não dispunha de quadros para governar, Hitler necessitava da lealdade da burocracia e do Judiciário, e isto dificilmente seria conquistado sem o respeito, ainda que meramente formal, pelas regras do Direito".[35] É difícil conjecturar qual seria o comportamento das instituições caso a Constituição tivesse cláusulas pétreas e o programa nacional-socialista se chocasse explicitamente com elas, assumindo um discurso de ruptura formal com o ordenamento jurídico. Não é possível sentenciar que isso teria evitado a colaboração da burocracia do Estado com o nazismo. É certo, de todo modo, que teria pelo menos a obrigado a buscar outro discurso, diverso da retórica da legalidade, para chancelar o regime.

Na verdade, o sistema de justiça foi desde sempre condescendente com o nazismo. Na trajetória da República de Weimar, greves e levantes populares lançados a partir da esquerda foram reprimidos com rigor. "Ao contrário, os atentados e as tentativas de tomada de poder pelas forças de direita mobilizam pouca energia do lado governamental. Quando julgados, são objeto de extraordinária clemência", observa Richard.[36] Na mesma linha, Vilhena Vieira assinala que "mesmo quando condenados pela Justiça estes poucos radicais de direita eram saudados pelos membros do Ministério Público e Magistratura por estarem agindo 'por motivos nobres' e por 'amor à terra paterna'".[37]

35. RICHARD, Lionel. *A República de Weimar*. São Paulo: Companhia das Letras, 1988. p. 101.

36. RICHARD, Lionel. *A República de Weimar*. São Paulo: Companhia das Letras, 1988. p. 57.

37. VIEIRA, Oscar Vilhena. *A constituição e sua reserva de justiça: um ensaio sobre os limites materiais ao poder de reforma*. São Paulo: Malheiros, 1999. p. 100.

Enfim, se, durante a República de Weimar, "há um domínio onde nada mudou, é o da Justiça. (...) esses juízes eram os mesmos da época imperial, e a única lei que eles reconheciam era a que, no passado, assegurara a salvaguarda do poder monárquico".[38] O exemplo histórico alerta para o papel que as instituições podem ter na proteção – ou, no caso, na destruição – da ordem democrática e dos direitos fundamentais. Não se trata aqui de ingenuamente supor que as instituições poderiam ter salvado a República de Weimar, mas apenas de refletir criticamente sobre seu desempenho como uma peça que também compõe a tragédia.

O nazismo contou ainda com a adesão de setores influentes nos meios mais intelectualizados, para os quais a promessa de que a Constituição seria respeitada teve importante força persuasiva – ou, pelo menos, foi um bom pretexto. Diante da retórica da legalidade e num contexto de crise profunda, diversos pensadores "não se apercebem, numa cegueira sincera, de que contribuem para pôr em movimento uma máquina que cedo ou tarde vai acabar por esmagá-los".[39] Martin Heidegger é provavelmente o caso mais emblemático.[40] Não é possível sustentar categoricamente que Heidegger não teria apoiado o nazismo caso o movimento tivesse um discurso explícito de

---

38. RICHARD, Lionel. *A República de Weimar*. São Paulo: Companhia das Letras, 1988. p. 269.
39. RICHARD, Lionel. *A República de Weimar*. São Paulo: Companhia das Letras, 1988. p. 252.
40. As menções a Martin Heidegger e Carl Schmitt não têm o propósito de aprofundar seus pensamentos e obras. O objetivo é somente demonstrar suas inserções, como exemplos de *carne e osso*, no processo histórico de erosão constitucional que acometeu a Alemanha.

rompimento com a ordem jurídica. Hoje se sabe que Heidegger, que se tornou reitor da Universidade de Freiburg e se filiou ao Partido Nazista em 1933, na verdade já o apoiava desde pelo menos 1931. Ainda assim, Karl Jaspers o caracterizaria como "uma criança que prendeu o dedo na roda da história". Alertado por Hannah Arendt sobre o significado da posição de Heidegger, o próprio Jaspers – que, assim como Arendt, se opunha aos nazistas – inicialmente reagiu sem dar maior importância ao fato, talvez porque a retórica de legalidade do nazismo dissimulasse seu poder destrutivo. A propósito, posteriormente, Heidegger afirmou que se considerava uma vítima do nazismo e que somente pediria desculpas se Hitler pudesse ser trazido de volta e fosse obrigado a se desculpar com ele. Em resumo, Heidegger – pelo menos é o que ele afirmou – foi enganado por Hitler. Não há dúvida de que a promessa nazista de respeito ao ordenamento jurídico cumpriu algum papel nisso.[41]

Mesmo Carl Schmitt, que desde a década de 1920 tinha orientação abertamente simpática a um governo ditatorial, fazia concessões à retórica da legalidade. O apoio de Schmitt ao nazismo, diferentemente do caso de Heidegger, não chegou a ser uma surpresa. Professor da Universidade de Colônia, tinha, há anos, opiniões antiliberais e críticas ao Tratado de Versalhes e à República de Weimar, posições essas que lhe valeriam a condição de *jurista coroado do Terceiro Reich* e o tornariam uma das primeiras pessoas a serem presas pelas forças de ocupação em Berlim após o fim da guerra. É certo que a eventual existência de cláusulas pétreas na Constituição

41. LILLA, Mark. *A mente imprudente: os intelectuais na atividade política*. Tradução: Clóvis Marques. Rio de Janeiro: Record, 2017. p. 29-30 e 35-36.

não seria problema para sua teoria decisionista do Direito, segundo a qual o Estado consiste na efetivação de uma ordem que, "longe de poder ser confundida com a ordem jurídica das normas do direito, não pode deixar de lhe ser anterior, constituindo, nessa medida, a condição de possibilidade de sua vigência e aplicação".[42] Mas, até o final, Schmitt agiu para "salvar a legitimidade democrática do legalismo do sistema de Weimar". Mesmo ele, portanto, paradoxalmente, buscou amparo discursivo em dispositivos constitucionais, como o art. 48, que conferia poderes especiais ao presidente do *Reich* em situações de emergência.[43]

1.3.3 Sem restrições ao comportamento desumano

Uma vez no poder, seguindo a linha de agir em conformidade formal com a legalidade, Hitler rapidamente obteve, em março de 1933, a aprovação de uma "lei para combater a crise nacional", o famigerado *Ato de Habilitação.*

O preâmbulo do ato buscava destacar sua conformidade com os procedimentos constitucionais: "O *Reichstag* editou a seguinte lei, que, com o consentimento do *Rechstrat* e depois de determinação de que os requisitos para leis alterando a Constituição haviam sido cumpridos, é por meio deste promulgada". Os arts. 1º e 2º conferiam ao governo funções legislativas e o poder de emendar a Constituição, ressalvadas

---

42. FRANCO DE SÁ, Alexandre. *Introdução.* In: SCHMITT, Carl. *O conceito do político.* Tradução: Alexandre Franco de Sá. Lisboa: Edições 70, 2009.

43. LILLA, Mark. *A mente imprudente: os intelectuais na atividade política.* Tradução: Clóvis Marques. Rio de Janeiro: Record, 2017. p. 51-52 e 70.

apenas mudanças que afetassem a posição do parlamento e da presidência da República.[44]

A consumação definitiva da conquista do poder pelos nazistas ocorreria em agosto de 1934, com a morte do presidente Paul von Hindenburg. O Ato de Habilitação, como visto, preservara a posição do presidente. Ainda no dia da morte de Hindenburg, porém, Hitler fez seus ministros assinarem ato determinando a unificação dos cargos de presidente e de chefe de governo, o qual ele já ocupava. Argumentou que o título de presidente do *Reich*, que Hindenburg detinha, estava ligado exclusivamente à grandeza pessoal do falecido e, portanto, não mais se justificava. Em 19 de agosto, a norma, o *Ato de Sucessão*, foi aprovada por quase noventa porcento dos eleitores em plebiscito. Hitler passava a concentrar funções legislativas, de chefia de governo, de Estado e de comando das Forças Armadas. Estavam, finalmente, criadas todas as condições normativas para o abandono de qualquer restrição ao comportamento desumano. Tudo isso rigorosamente de acordo com a Constituição.[45]

A legalidade totalitária instalada pelo nazismo teve como uma de suas notas fundamentais o primado do movimento, o que é necessário para evitar que o mundo adquira a normalidade e a estabilidade que advêm das leis e das instituições. As leis e a Constituição não têm uma função estabilizadora de vidas, mas de movimento. No plano do Direito, uma das maneiras de assegurar o primado do movimento é o *amorfismo jurídico*,

44. VIEIRA, Oscar Vilhena. *A constituição e sua reserva de justiça: um ensaio sobre os limites materiais ao poder de reforma.* São Paulo: Malheiros, 1999. p. 103-104.
45. KERSHAW, Ian. *Hitler*. Tradução: Pedro Maia Soares. São Paulo: Companhia das Letras, 2015. p. 349-350.

isto é, a permanente irregularidade na forma.[46] O fato de a Constituição de Weimar ser flexível e não ter cláusulas pétreas, na medida em que facilitou sua constante transformação, foi bastante adequado ao advento desse novo tipo de legalidade.

Evidentemente, é ilusório supor que a existência de cláusulas pétreas ou óbices formais à alteração da Constituição de Weimar teriam impedido a ascensão do nazismo. Trata-se, porém, de aspecto que não pode ser simplesmente desconsiderado. Lafer, citando Hannah Arendt, aponta a existência de *origens do totalitarismo*. Essas origens "não são causas mas sim antecedentes, vale dizer, cristalizações de formas de atuação que ajudam a esclarecer os eventos que culminaram no totalitarismo".[47] As deficiências de Weimar em termos de rigidez constitucional são exatamente isso: *antecedentes, origens, do totalitarismo.*

1.4 Algumas conclusões iniciais

Há ainda outras experiências paradigmáticas que poderiam ser analisadas. Especialmente curioso é o caso da Constituição portuguesa de 1976, em cuja redação original figuraram como cláusulas pétreas "a apropriação coletiva dos principais meios de produção", "a planificação democrática da economia" e "a participação das organizações populares de base no exercício do poder local". Tais dispositivos estavam em sintonia com o

46. ARENDT, Hannah. *Origens do totalitarismo*. São Paulo: Companhia das Letras, 2012. p. 529-532; LAFER, Celso. *A reconstrução dos direitos humanos: um diálogo com o pensamento de Hannah Arendt*. São Paulo: Companhia das Letras, 1988. p. 94-97.

47. LAFER, Celso. *A reconstrução dos direitos humanos: um diálogo com o pensamento de Hannah Arendt*. São Paulo: Companhia das Letras, 1988. p. 134.

ideário vitorioso na Revolução dos Cravos, que encerrou décadas de ditadura no país e inaugurou um ciclo de hegemonia de esquerda. Todavia, o fato de a Constituição ter estabelecido a imutabilidade de algumas dessas ideias poderia ter inviabilizado o próprio projeto constitucional como um todo. Em 1989, por meio de um expediente conhecido como *dupla revisão*, as cláusulas pétreas mencionadas foram suprimidas, por não mais combinarem com a visão da maioria da sociedade. A dupla revisão despertou forte polêmica, opondo, inclusive, os dois mais renomados constitucionalistas portugueses – Jorge Miranda, favorável à possibilidade, e José Joaquim Gomes Canotilho, contrário.[48] Independentemente da posição que se assuma, o exemplo ilustra, mais uma vez, que a rigidez constitucional extrema – no caso por meio da petrificação de normas altamente controversas – é problemática.

Enfim, os exemplos históricos analisados confluem para o argumento de que tanto o excesso quanto a falta de rigidez constitucional tendem a ser nocivos.

(a) A petrificação de uma Constituição bloqueia indevidamente sua adaptação a inevitáveis mudanças e evoluções de uma sociedade e (b) impede que se corrijam falhas do projeto original. (c) Com esse bloqueio, estimula rupturas, situações em que o debate democrático e o critério majoritário dão lugar à ameaça e à violência. (d) Além disso, a dificuldade de emendar uma Constituição cria o risco de sua atualização acabar sendo feita por meios informais, vulneráveis ao decisionismo e

48. SARMENTO, Daniel; SOUZA NETO, Cláudio Pereira de. *Direito Constitucional: teoria, história e métodos de trabalho*. Belo Horizonte: Forum, 2013. p. 316-317.

à anarquia metodológica, por atores não eleitos, como juízes, carentes de legitimidade democrática.

(e) Por outro lado, a flexibilidade demasiada de uma Constituição torna direitos humanos e institutos voltados à sua proteção muito vulneráveis ao poder corrosivo de maiorias circunstanciais. (f) Permite, ainda, que regimes totalitários sejam construídos com certa discrição e amparo em uma retórica de respeito aos meios formais de modificação constitucional. (g) Ademais, como visto, a flexibilidade é característica necessariamente associada à legalidade totalitária, cuja nota fundamental é o primado do movimento e, portanto, a possibilidade de permanente alteração do ordenamento jurídico.

(h) Em particular, o ocaso da Constituição de Weimar, muito flexível, trouxe à tona a necessidade de reconstrução dos direitos humanos a partir de nova perspectiva e novos instrumentos de proteção. Hannah Arendt caracterizou os eventos ocorridos na Alemanha como *a ruptura*, que se traduz num "hiato entre o passado e o futuro, gerado pelo esfacelamento dos padrões e das categorias que compõem o repertório da tradição ocidental". Todo o instrumental de proteção de direitos humanos até então existente revelou-se inadequado para lidar com a irrupção de um fenômeno como o totalitarismo, que rompe com a *lógica do razoável* e com as categorias associadas a ela, de tal forma a comportar a *reductio ad Hitlerum*. Isso tudo gerado dentro da legalidade, no bojo da própria modernidade e do sistema, e não como fruto de uma ameaça externa.[49] Entre novos instrumentos de proteção contra ameaças autoritárias dessa

49. LAFER, Celso. *A reconstrução dos direitos humanos: um diálogo com o pensamento de Hannah Arendt*. São Paulo: Companhia das Letras, 1988. p. 19, 76-77 e 80.

natureza, institutos associados a uma maior rigidez da Constituição, como as cláusulas pétreas, devem ser objeto de reflexão.

(i) Releva observar, também, que ataques sistemáticos a direitos fundamentais – seja, por exemplo, a escravidão nos Estados Unidos, seja a ascensão do nazismo na Alemanha – contaram com a colaboração das instituições em geral e em especial do sistema de justiça. Instituições vocacionadas à proteção de direitos fundamentais, portanto, são instrumentos que, de igual modo, precisam ser seriamente pensados.

Enfim, resta ao constitucionalismo democrático o desafio de proteger os "direitos essenciais à realização da dignidade humana, sem desautorizar o direito de cada geração de realizar sua autonomia".[50] Trata-se de desafio que necessariamente passa pelo exame da noção de rigidez constitucional, compreendida como a dificuldade global de alteração de uma Constituição, dificuldade essa que se compõe de diversos elementos, como (a) a extensão e o detalhamento do texto constitucional, (b) o grau de dificuldade do processo de reforma (ao qual estão relacionados aspectos como quórum e legitimidade de iniciativa) e (c) a postura (mais ativista ou autocontida) da Suprema Corte no exercício do controle de constitucionalidade de emendas. Nessa análise, as cláusulas pétreas são um conceito central. Especificamente em relação a elas, é preciso examinar (a) o conteúdo ou carga axiológica, (b) o modo de positivação (regras ou princípios), (c) a amplitude do catálogo e (d) o grau de ativismo judicial em sua tutela. Esse escrutínio, evidentemente, não é simples. Por exemplo, uma Constituição que se limite a

---

50. VIEIRA, Oscar Vilhena. *A constituição e sua reserva de justiça: um ensaio sobre os limites materiais ao poder de reforma.* São Paulo: Malheiros, 1999. p. 134.

prever direitos fundamentais como cláusulas pétreas, em um texto sintético e de alteração não muito dificultosa, é menos rígida que uma Constituição que, mesmo sem conter cláusulas pétreas, tenha texto abrangente e detalhista e sujeito a processo de emenda rigoroso. Na primeira hipótese, aparentemente, ao mesmo tempo em que se impõe menor prejuízo ao direito de uma geração se autogovernar, tutelam-se melhor os direitos fundamentais.[51]

Enfim, devido à sua complexidade e a toda a problemática que suscitam, as cláusulas pétreas merecem exame mais aprofundado. É o que se faz a seguir.

51. BRANDÃO, Rodrigo. *Direitos fundamentais, democracia e cláusulas pétreas*. Rio de Janeiro: Renovar, 2008. p. 169-170.

2. Cláusulas pétreas

2.1 Generalidades

A teoria jurídica esboçou diversos tipos de reação à tragédia nazista. No âmbito jusfilosófico, assistiu-se a um rápido, ainda que fugaz, renascimento do jusnaturalismo. A mera positividade de uma Constituição já não bastava para firmar sua legitimidade, a qual passava a depender também da observância de princípios supraconstitucionais. Otto Bachof, um dos principais expoentes da reação, de modo espirituoso, ilustrou: transposta para o campo teológico, a restrição da legitimidade de uma Constituição à sua positividade redundaria numa "argumentação que extraísse do poder do Diabo a obrigatoriedade religiosa pelas leis infernais".[1]

No terreno dogmático, relacionado à reação jusfilosófica, passou-se a sustentar a necessidade de Constituições mais substantivas, nas quais os direitos fundamentais devem ter centralidade e impor dificuldades para sua própria destruição.

1. BACHOF, Otto. *Normas constitucionais inconstitucionais?*. Tradução: José Manuel Cardoso da Costa. Coimbra: Almedina, 2014. p. 45.

Cláusulas pétreas – também chamadas de cláusulas de eternidade, de intangibilidade ou supraconstitucionais - são o instituto principal nessa empreitada.

Como já se disse, a Constituição norte-americana, de 1787, estabeleceu uma única cláusula pétrea, temporária, que vedava ao constituinte derivado, antes de 1808, instituir norma proibindo a importação de escravos.

Na Europa do século XIX, exceto a Constituição norueguesa de 1814 e a Constituição francesa de 1875, nenhuma constituição estabeleceu limites à sua própria alteração. Na América, a Constituição mexicana de 1824 vedou reformas sobre liberdades, independência da nação, religião, forma de governo e divisão de poderes.

Em países de orientação marxista-leninista, notadamente aqueles que viveram sob influência soviética, não há registros de adoção de cláusulas pétreas.[2]

Foi, de fato, apenas com a reação dogmática ao nazismo que o instituto se disseminou. E a Constituição alemã – na verdade criada sob a forma de Lei Fundamental (*Grundgesetz*), pois a Alemanha estava dividida e esperava-se aprovar uma Constituição após a reunificação – foi a experiência precursora da nova tendência.[3]

Com o fim da guerra, a Alemanha encontrava-se ocupada. Em julho de 1948, os comandantes das forças de ocupação

2. MIRANDA, Jorge. *Teoria do Estado e da Constituição*. Rio de Janeiro: Editora Forense, 2019. p. 360-362.
3. SARMENTO, Daniel; SOUZA NETO, Cláudio Pereira de. *Direito Constitucional: teoria, história e métodos de trabalho*. Belo Horizonte: Forum, 2013. p. 24-25.

autorizaram os estados a convocar uma assembleia constituinte, impondo duas condições: "uma estrutura governamental do tipo federal" e "garantias de direitos e liberdades individuais". As condições impostas foram aceitas e, em agosto, um projeto foi elaborado por um grupo de juristas reunido em palácio às margens do Lago Chiemsee, na Baviera. Aprovada pelo conselho parlamentar e ratificada pelos estados, a Lei Fundamental foi promulgada em 23 de maio de 1949, em Bonn, capital da Alemanha Ocidental.[4]

Ao contrário da Constituição de Weimar, que iniciava com normas sobre a estrutura do Estado, a Lei Fundamental de Bonn começa com normas de direitos fundamentais. Trata-se de opção topográfica que, longe de ser acaso, tem profundo significado axiológico. Até então uma "entidade espiritual superior", o Estado "deixa de ser o ponto de partida e passa a ser mero instrumento de realização de direitos inalienáveis".[5] Essa primazia dos direitos no sistema é reforçada pela sua inserção expressa no rol de cláusulas pétreas da Lei Fundamental (art. 79 [3]).

A partir do exemplo da Alemanha, que vedou qualquer emenda que *afetar* o sistema federal e os direitos fundamentais, diversos países passaram a adotar cláusulas pétreas.

A forma republicana de governo foi considerada intangível pelas Constituições da França (1946 e 1958), Itália (1947), Tunísia (1959), Turquia (1961), Gabão (1961) e Burundi (1974). A monarquia foi prevista como cláusula pétrea nas Constitui-

4. VIEIRA, Oscar Vilhena. *A constituição e sua reserva de justiça: um ensaio sobre os limites materiais ao poder de reforma*. São Paulo: Malheiros, 1999. p. 107.

5. VIEIRA, Oscar Vilhena. *A constituição e sua reserva de justiça: um ensaio sobre os limites materiais ao poder de reforma*. São Paulo: Malheiros, 1999. p. 108.

ções da Grécia (1951), Marrocos (1962), Afeganistão (1964) e Barém (1973). Essas três últimas ainda tornaram a religião islâmica um limite material ao poder de reforma constitucional. A separação entre Estado e Igreja ou a laicidade foram consideradas imutáveis em Guine Bissau (1984), São Tomé e Príncipe (2003) e Angola (2010). A Constituição da Suíça (1999) considera imutáveis as "disposições imperativas de Direito Internacional".

No tocante a direitos fundamentais ou a expressões das quais eles possam ser inferidos, foram previstos como cláusulas pétreas, entre outros países, nas Constituições da Grécia (1975), Portugal (1976), Turquia (1982), Guiné-Bissau (1984), Namíbia (1990), Romênia (1991), Bulgária (1991), República Checa (1992), Ucrânia (1996), São Tomé e Príncipe (2003) e Angola (2010).[6]

No Brasil, as Constituições adotaram diversos padrões de rigidez. A flexibilidade constitucional, naturalmente, foi preferida pelos regimes autoritários. De todo modo, exceto as Constituições de 1824 e de 1937, todas as demais Constituições brasileiras (1891, 1934, 1946, 1967 e 1988) tiveram cláusulas pétreas. Na Constituição de 1891, eram imodificáveis "a forma republicana federativa" e a "igualdade da representação dos Estados no Senado" (art. 90, §4º). Já as Constituições de 1934 (art. 178, §5º), 1946 (art. 217, §6º) e 1967 (art. 50, §1º) salvaguardaram a república e a federação. A emenda constitucional 1 de 1969, por muitos considerada uma constituição, manteve

6. BRANDÃO, Rodrigo. *Direitos fundamentais, democracia e cláusulas pétreas.* Rio de Janeiro: Renovar, 2008. p. 164; MIRANDA, Jorge. *Teoria do Estado e da Constituição.* Rio de Janeiro: Editora Forense, 2019. p. 360-361.

essa previsão (art. 47, §1º).[7] Mas a grande novidade veio com a Constituição de 1988, que, a exemplo da Lei Fundamental de Bonn e da Constituição portuguesa de 1976, estabeleceu um amplo rol de cláusulas pétreas, nos seguintes termos: "Não será objeto de deliberação a proposta de emenda tendente a abolir: I - a forma federativa de Estado; II - o voto direto, secreto, universal e periódico; III - a separação dos Poderes; IV - os direitos e garantias individuais" (art. 60, §4º).

2.2 Dificuldades

Conquanto as cláusulas pétreas sejam instituto amplamente disseminado, não são poucas e tampouco irrelevantes as dificuldades que elas suscitam. Embora se tenha feito alusão a algumas dessas dificuldades ao longo do trabalho, convém sintetizá-las de modo mais sistemático.

A primeira dificuldade, mais evidente, consiste num problema de democracia intergeracional. Já se fez referência à conhecida proposta de Thomas Jefferson, nos debates que precederam a promulgação da Constituição norte-americana, de que se realizasse uma convenção constituinte a cada dezenove anos, a fim de evitar um "governo dos mortos sobre os vivos". A questão que angustiava Jefferson agrava-se em tema de cláusula pétreas. Trata-se do grau máximo de entrincheiramento de uma norma jurídica, cuja possibilidade de alteração é subtraída

7. SARMENTO, Daniel; SOUZA NETO, Cláudio Pereira de. *Direito Constitucional: teoria, história e métodos de trabalho*. Belo Horizonte: Forum, 2013. p. 292-293.

mesmo de maiorias qualificadas, senão mediante um processo de ruptura e elaboração de uma nova Constituição.

Uma segunda dificuldade reside no fato de que, nos arranjos institucionais que passaram a prevalecer, é função do Poder Judiciário, composto por membros não eleitos, o controle de constitucionalidade de atos normativos emanados de poder escolhido pelo voto popular. No Brasil, desde 1926, o Supremo Tribunal Federal admite a invalidação judicial mesmo de emendas constitucionais, normas decorrentes de deliberação supermajoritária.[8] A possibilidade também é acatada no Direito Comparado, notadamente na Alemanha e nos Estados Unidos da América, embora as cortes desses países venham exercendo tal prerrogativa com bastante autocontenção. No sistema brasileiro atual, que combina controles concentrado e difuso de constitucionalidade, qualquer magistrado pode invalidar uma emenda, com lastro em normas constitucionais de baixa densidade semântica e sobre as quais pairam controvérsias morais razoáveis, como é o caso da própria cláusula pétrea dos *direitos e garantias individuais*.[9]

---

8. Por meio de *habeas corpus*, que, à época, em razão da chamada doutrina brasileira do *habeas corpus*, tinha hipóteses de cabimento mais amplas do que atualmente, questionava-se a regularidade formal da única emenda à então vigente Constituição de 1891. A emenda fora aprovada por dois terços dos presentes, e não do total dos parlamentares. Embora tenha reconhecido sua validade, o Supremo Tribunal Federal, ao mesmo tempo, admitiu a possibilidade de apreciação judicial da constitucionalidade de emendas. BRASIL. Supremo Tribunal Federal. Habeas Corpus 18.178. Relator: Ministro Hermenegildo Barros. Rio de Janeiro, 01/10/1926. Arquivo Judiciário, v. XVII, n. 5, p. 341.
9. BRANDÃO, Rodrigo. *Direitos fundamentais, democracia e cláusulas pétreas*. Rio de Janeiro: Renovar, 2008. p. 44, 48, 133-134 e 141; WALDRON, Jeremy. *Law and disagreement*. Oxford: Oxford University Press, 2004. p. 264.

Finalmente, uma terceira dificuldade, associada à segunda, está no risco de arbítrio e decisionismo que decorre da atribuição do controle de constitucionalidade de emendas a um poder que vem se utilizando de técnicas de decisão e de interpretação muitas vezes carentes de qualquer rigor metodológico e da possibilidade de escrutínio democrático. Essa dificuldade é acentuada por certas peculiaridades das normas constitucionais. Uma Constituição é composta por grande número de termos emprestados do vocabulário político, os quais são objeto de acirradas disputas morais, filosóficas e ideológicas. Costuma ser maior, ainda, o uso de normas altamente abstratas, de baixa densidade semântica e veiculadas na forma de princípios, e não de regras. Essa *textura aberta* das normas, segundo a célebre expressão de Herbert Hart, ao ampliar a *zona de penumbra* da atividade hermenêutica, também torna a interpretação mais vulnerável à discricionariedade. O problema fica mais complexo em Constituições compromissárias – como é o caso da brasileira, fruto de um *pacto maximizador* de forças políticas de diversas orientações ideológicas – repletas de antinomias.[10]

Em obra seminal, Alexander Bickel associou esse quadro ao que chamou de *dificuldade contramajoritária*. O controle de constitucionalidade, segundo ele, é "uma força contramajoritária no nosso sistema", "uma instituição desviante na democracia americana".[11] Como observam Sarmento e Souza Neto, a dificuldade contramajoritária, portanto, "não reside tanto no fato

10. VIEIRA, Oscar Vilhena. *A constituição e sua reserva de justiça: um ensaio sobre os limites materiais ao poder de reforma.* São Paulo: Malheiros, 1999. p. 193-197.

11. BICKEL. Alexander. *The least dangerous branch: the Supreme Court at the bar of politics.* Indianapolis: Bobbs-Merrill, 1962. p. 16-18.

de as constituições subtraírem do legislador futuro a possibilidade de tomar decisões importantes", mas no "reconhecimento de que, diante da vagueza e abertura de boa parte das normas constitucionais, bem como da possibilidade de que elas entrem em colisões, quem as interpreta e aplica também participa do seu processo de criação", o que acaba conferindo aos juízes, não eleitos, uma espécie de *poder constituinte permanente*.[12]

Um crítico importante desse modelo é Jeremy Waldron, segundo o qual o formato hegemônico de *judicial review* pode redundar numa *aristocracia judicial*.[13] De acordo com Waldron, o modelo "não fornece, como frequentemente se alega, uma maneira pela qual uma sociedade possa claramente enfocar as questões reais em jogo quando cidadãos discordam sobre direitos; pelo contrário, ele os distrai com questões secundárias sobre precedentes, textos e interpretação". Além disso, "ao privilegiar a maioria dos votos entre um pequeno número de juízes não eleitos e não responsabilizáveis, ele priva os cidadãos comuns de seus direitos e rejeita estimados princípios de representação e igualdade política na resolução final de questões de direitos".[14]

Diversas linhas de justificação foram desenvolvidas como respostas teóricas a essas e outras dificuldades. A adoção de uma ou outra linha pode implicar formas muito diferentes,

12. SARMENTO, Daniel; SOUZA NETO, Cláudio Pereira de. *Direito Constitucional: teoria, história e métodos de trabalho*. Belo Horizonte: Forum, 2013. p. 32.
13. WALDRON, Jeremy. *Law and disagreement*. Oxford: Oxford University Press, 2004. p. 264.
14. WALDRON, Jeremy. *A essência da oposição ao* judicial review. In: BIGONHA, Antonio Carlos Alpino; MOREIRA, Luiz (org.). *Legitimidade da jurisdição constitucional*. Rio de Janeiro: Lumen Juris, 2010. p. 98.

mais ampliativas ou restritivas, de interpretar e aplicar as cláusulas pétreas. É necessário, pois, melhor explorar tais linhas de justificação.

2.3 Linhas de justificação

Sarmento e Souza Neto arrolam as seguintes possibilidades de linhas de justificação para o instituto das cláusulas pétreas: (a) a superioridade do poder constituinte sobre os poderes constituídos decorre da *origem popular* do primeiro; (b) as cláusulas pétreas buscam zelar pela *identidade constitucional*, permitindo que a Constituição se altere sem que deixe de ser essencialmente a mesma Constituição; (c) as cláusulas pétreas configuram condições *procedimentais* que estruturam o funcionamento do sistema democrático; (d) as cláusulas pétreas são um *pré-compromisso* firmado pelo próprio povo no momento constituinte; (e) as cláusulas pétreas são condições para a associação, um *contrato* que tem como fim a permanência e a estabilidade da comunidade política.[15] Como dito, a adesão a uma ou outra linha pode implicar formas muito diferentes, mais ampliativas ou restritivas, de interpretar e aplicar as cláusulas pétreas. A seguir, são exploradas algumas delas.

2.3.1 Origem popular e dualismo

Um dos argumentos mais tradicionais invocados em favor das cláusulas pétreas centra-se na sua origem popular. Sendo o

15. SARMENTO, Daniel; SOUZA NETO, Cláudio Pereira de. *Direito Constitucional: teoria, história e métodos de trabalho*. Belo Horizonte: Forum, 2013.

poder constituinte titularizado pelo próprio povo, suas decisões, especialmente aquelas expressas em cláusulas pétreas, devem ser observadas pelos poderes constituídos.

O argumento é melhor desenvolvido recorrendo-se ao chamado *dualismo constitucional*, conceito cuja criação se deve a Bruce Ackerman. A ideia básica do dualismo consiste na distinção entre duas espécies de decisões que podem ser tomadas numa democracia: pelo povo ou pelo governo. As decisões tomadas pelo povo ocorrem raramente e estão sujeitas a condições constitucionais especiais, como o convencimento de um número extraordinário de cidadãos e a permissão de que opositores organizem suas forças livremente. As decisões tomadas pelo governo acontecem cotidianamente e devem obediência às tomadas pelo povo. Uma vitória eleitoral ordinária não concede ao governo eleito o poder de aprovar medida que contrarie as decisões tomadas pelo povo em momentos anteriores. Para isso, o governo precisa criar condições especiais de deliberação aptas a demonstrar que o povo efetivamente mudou sua posição.

Essa distinção desperta "muito mais perguntas do que respostas". Ackerman questiona: como organizar um processo que marque de modo confiável as raras ocasiões em que um movimento político pode tomar decisões pelo povo? Como preservar decisões tomadas pelo povo contra erosões ilegítimas promovidas por um governo regular?[16] Tais questões têm profunda pertinência na reflexão sobre cláusulas pétreas, instituto largamente utilizado contra erosões.

16. ACKERMAN, Bruce. *We the people: foundations*. Cambridge: The Belknap Press, 1991. v. 1. p. 06-07.

Para melhor definir o dualismo, Ackerman o contrapõe a duas outras grandes tradições: o *monismo* e o *fundamentalismo*. O monismo, em resumo, atribui aos grupos vitoriosos nas eleições poderes plenos para implementação de seu programa. A invalidação desse programa pela Suprema Corte, poder não eleito, é entendida como essencialmente antidemocrática. Já o fundamentalismo desafia a primazia da soberania popular sustentada pelos monistas, que são vistos como hostis a direitos. Para os fundamentalistas, os direitos, entendidos como trunfos, prevalecem sobre a própria democracia. A função preservacionista da Suprema Corte, ao invalidar deliberações majoritárias por ofensas a direitos previstos na Constituição, é bem recebida nessa tradição.

O dualismo irrompe como alternativa que busca conciliar as preocupações fundamentalistas e monistas, acomodando, ao menos parcialmente, os direitos como trunfos à primazia da soberania popular. Ele não se opõe à ideia de que os direitos se sobrepõem à política democrática regular. Mas exige, para tanto, que os direitos tenham sido reconhecidos por meio de um processo de deliberação superior. Assim, a "Constituição dualista é, antes de tudo, democrática e, posteriormente, asseguradora de direitos".[17]

O dualismo é um sistema engenhoso, que desafiou com extraordinário sucesso o *mito bicentenário* que visualiza a história constitucional norte-americana como uma simples continuidade da obra dos fundadores. Foi o dualismo que forjou a nova narrativa de que momentos como a Reconstrução e o *New*

17. ACKERMAN, Bruce. *We the people: foundations*. Cambridge: The Belknap Press, 1991. v. 1. p. 07-13.

Deal não foram meras emendas formais ou redescobertas de valores da Fundação, mas atos conscientes de criação constitucional comparáveis à própria Fundação em termos de escopo e profundidade.[18]

Ackerman foi, ainda, muito exitoso em apontar como a evolução da história constitucional dos Estados Unidos levou a uma modificação, mesmo sem alterações formais no texto, do papel da União, dos estados e das instituições em geral, notadamente da Presidência, no processo de criação constitucional. As eleições presidenciais assumiram um caráter de referendo sobre questões constitucionais. Esse novo arranjo teve implicações também sobre a forma como a Suprema Corte exerce o *judicial review* e promove sínteses intergeracionais, acomodando sua função preservacionista de direitos a manifestações transformadoras emanadas da soberania popular. Um novo modelo hermenêutico, amplo e abrangente, chamado por Ackerman de *síntese compreensiva*, emerge desse cenário.[19]

O dualismo, além disso, é bastante sedutor em casos como o brasileiro, cujo processo de criação constitucional, na década de 1980, envolveu grande mobilização cidadã. O próprio Ackerman afirma: a "Constituição brasileira atual é o produto de um ato de soberania popular que se encontra bastante presente na tradição [dualista] que descrevo".[20] Esse quadro torna atraente

---

18. ACKERMAN, Bruce. *We the people: foundations*. Cambridge: The Belknap Press, 1991. v. 1. p. 34, 44.
19. ACKERMAN, Bruce. *We the people: foundations*. Cambridge: The Belknap Press, 1991. v. 1. p. 70-110.
20. ACKERMAN, Bruce. *Nós, o povo soberano: fundamentos do direito constitucional*. Tradução: Mauro Raposo de Mello. Belo Horizonte, Del Rey, 2006. p. xxix.

o argumento que sustenta a legitimidade das cláusulas pétreas a partir da sua origem popular, que, no caso brasileiro, é genuína.

No entanto, isso não afasta o problema da legitimidade intergeracional, na medida em que remanesce a possibilidade de uma geração passada governar de seu túmulo. De fato, mesmo numa Constituição relativamente jovem como a brasileira, os cidadãos de hoje já não correspondem aos cidadãos do momento constituinte.

Além do mais, em nenhum momento Ackerman propõe invocar o dualismo como fonte de sustentação teórica de cláusulas pétreas. O autor sustenta, por exemplo, que, se o povo norte-americano emendasse a Constituição para estabelecer uma religião oficial e vedar outros cultos, o caráter dualista da Constituição não permitiria a invalidação da emenda, por mais que ele, pessoalmente, dissentisse de seu conteúdo. A invalidação, diz ele, seria plenamente viável na Alemanha, cuja Lei Fundamental, num ato consciente de preservação, estabeleceu uma lista de direitos imunes a alterações. Mas não nos Estados Unidos, cuja Constituição fez uso desse instrumento apenas para proteger o comércio de escravos (imunizado de modificações até 1808), o que distancia seu sistema constitucional do modelo de cláusulas pétreas da Constituição alemã. Ackerman afirma expressamente que consideraria uma boa ideia petrificar determinados direitos contra a ação corrosiva de grupos majoritários no futuro. Entretanto, não foi essa a opção adotada pelo povo norte-americano.[21]

---

21. ACKERMAN, Bruce. *We the people: foundations.* Cambridge: The Belknap Press, 1991. v. 1. p. 14-16, 320-322.

Aplicar o dualismo à realidade brasileira e como justificação teórica de cláusulas pétreas, portanto, implicaria o mesmo erro que Ackerman tanto critica na teoria estadunidense, que é estudar sua experiência constitucional a partir de categorias estrangeiras que não se ambientam às peculiaridades do país. Não se trata de rechaçar qualquer contribuição do dualismo à teoria constitucional no Brasil. O próprio Ackerman, como visto, reconhece pontos comuns entre as experiências. Além disso, a obra fundamental do dualismo não é um exercício dogmático que se detém a textos normativos norte-americanos; é "uma obra que está situada no intercruzamento do direito constitucional, da teoria política e dos estudos sobre a história americana", como bem observa Cittadino.[22] É bem possível, pois, extrair dela lições válidas também para a trajetória brasileira. Mas isso deve ser feito com máxima cautela. O dualismo é um sistema teórico que surge da necessidade de explicar fenômenos constitucionais tipicamente norte-americanos, os quais estão associados, entre outros fatores, à dificuldade extrema de mudar a Constituição daquele país, elaborada há mais de duzentos anos por uma oligarquia branca de tendência escravocrata. Suas necessárias transformações ocorreram, algumas vezes, por meios inovadores ao sistema originalmente previsto para emendas. O dualismo é bem sucedido ao desbravar essa lógica peculiar do constitucionalismo estadunidense. Mas não consegue, e nem é sua pretensão, explicar uma trajetória como a brasileira. A Constituição brasileira, promulgada mais de dois séculos depois da norte-americana por uma assembleia constituinte de orien-

22. CITTADINO, Gisele. *Apresentação*. In: ACKERMAN, Bruce. *Nós, o povo soberano: fundamentos do direito constitucional.* Tradução: Mauro Raposo de Mello. Belo Horizonte, Del Rey, 2006. p. xv.

tação progressista, foi sempre alterada por emendas formais, sem prejuízo de modificações também informais, mas nunca veiculadores de rupturas. Em termos de previsão de cláusulas pétreas, a Constituição brasileira muito mais se aproxima do fundamentalismo alemão do que do dualismo americano. A exemplo da Lei Fundamental alemã, criou uma superproteção a direitos fundamentais. Ao fazer essa opção, ela claramente sai do âmbito de aplicação do dualismo.

2.3.2 Pré-compromisso

Segundo conta Homero[23], ao regressar de Troia a Ítaca, em uma viagem – a odisseia - que duraria dez anos, Ulisses[24] foi

---

23. Embora os poemas épicos *Ilíada* e *Odisseia* sejam atribuídos a Homero, atualmente há certo consenso de que é improvável que um poeta com esse nome tenha existido. Ambos os poemas remontam a época (aproximadamente ao século VIII a. C.) em que, na Grécia, não havia língua escrita e performances poético-musicais eram parte do cotidiano, de modo que é certo que eles foram inicialmente compostos de forma oral, e não por escrito. É provável que sua composição tenha ocorrido ao longo de séculos, por diversos *aedos*, poetas que recitavam oralmente seus versos. Homero, se existiu, era um desses *aedos*, analfabeto. Não é possível reconstruir com um mínimo de precisão como se chegou aos textos escritos, os quais, de todo modo, seguramente são bastante posteriores às versões orais originais. Em geral, as traduções contemporâneas da *Odisseia* têm como base uma edição grega de 1917, de Thomas W. Allen. Edições impressas existem desde 1488. Até então o poema havia sido transmitido apenas por meio de cópias, feitas a mão, de manuscritos mais antigos. Cerca de cem desses manuscritos chegaram aos nossos dias. O mais antigo é do século X. GARCIA-ROZA, Luiz Alfredo. *Posfácio*. In: HOMERO. *Odisseia*. Tradução: Christian Werner. São Paulo: Ubu Editora, 2018. p. 609-610 e 614; MARTIN, Richard P. *Apresentação*. In: HOMERO. *Odisseia*. Tradução: Christian Werner. São Paulo: Ubu Editora, 2018. p. 21-22.

24. Ulisses é a versão latina, encontrada em autores romanos como Virgílio e posteriormente em Dante, do nome grego Odisseu. Atualmente, é possível encontrar traduções se referindo tanto a Ulisses quanto a Odisseu. O tradutor

advertido pela ninfa Circe sobre os perigos que enfrentaria em uma ilha habitada por sereias cujo canto enfeitiçava todos os homens e levava suas embarcações ao naufrágio. Ulisses, então, tapou os ouvidos de seus marinheiros com cera, determinou que o amarrassem ao mastro da nau e que, caso depois ordenasse que o soltassem, não obedecessem e o prendessem com laços ainda mais fortes. Somente dessa forma, amarrando a si mesmo, Ulisses consegue passar pela ilha.[25]

Segundo Martin, cada lugar que Ulisses descreve em sua odisseia "representa uma variante das condições de vida grega". Sua história "funciona como uma lente de aumento ou vara de medida" e, desse modo, é terreno fértil para estudiosos e escritores em busca de alegorias. No plano literário, Franz Kafka e James Joyce buscaram inspiração em Ulisses. No âmbito da psicanálise, foram nele descobertas "fantasias oral-narcisistas". Na esfera ambiental, as histórias podem ser interpretadas como considerações sobre o uso e o abuso dos recursos naturais.[26]

Christian Werner afirma preferir Odisseu "para facilitar o jogo de linguagem que é feito no poema com palavras da família 'odiar'". Neste trabalho, usa-se Ulisses, uma vez que foi a alternativa escolhida por Jon Elster ao invocar a história do personagem no domínio da filosofia constitucional. WERNER, Christian. *Introdção.* In: HOMERO. *Odisseia.* Tradução: Christian Werner. São Paulo: Ubu Editora, 2018. p. 108.

25. "Assim falaram, lançando belíssima voz. Meu coração/ quis ouvir, e num movimento das celhas/ solicitei aos companheiros que me soltassem; eles remavam./ De pronto, ergueram-se Perimedes e Euríloco, e com mais laços prenderam-me e apertaram bem./ Depois que por elas passamos, então nem mais/ ouvimos o tom das Sirenas nem seu canto (...)". HOMERO. *Odisseia.* Tradução: Christian Werner. São Paulo: Ubu Editora, 2018.

26. MARTIN, Richard P. *Apresentação.* In: HOMERO. *Odisseia.* Tradução: Christian Werner. São Paulo: Ubu Editora, 2018. p. 19-20.

No domínio da ciência política, tampouco faltam alusões. Citado por Jon Elster, Espinosa afirma que "os princípios fundamentais do Estado devem ser encarados como decretos eternos do rei, de tal maneira que os servidores, na realidade, lhe obedecem quando recusam executar as ordens dadas por ele, porque são contrários aos princípios fundamentais do Estado". Em seguida, conclui: "Podemos demonstrar isso claramente pelo exemplo de Ulisses. Os companheiros de Ulisses executavam as suas ordens quando, amarrado ao mastro do navio e seduzido pelo canto das sereias, eles lhes ordenava, ameaçando-os, que o libertassem".[27]

Mas foi com o próprio Elster que a metáfora ganhou força. Elster é um filósofo norueguês cuja trajetória acadêmica começou com um interesse sobre a obra de Karl Marx, explorada a partir de conceitos da economia neoclássica, especialmente da teoria da escolha racional. Suas investigações levaram-no a se debruçar sobre o tema da racionalidade, seus limites, formas imperfeitas e a irracionalidade.[28] A história de Ulisses bem ilustra esse interesse. Segundo Elster, Ulisses não era completamente racional, na medida em que um ser racional não precisaria se atar ao mastro do barco para não sucumbir ao canto das sereias; mas tampouco era simplesmente um "veículo irracional de seus caprichos e desejos cambiantes", pois foi capaz de alcançar, ainda que por meios indiretos, o fim que uma pessoa completamente racional pode alcançar por meios diretos. Ulisses é,

27. ESPINOSA, Baruch de. *Tratado político*. São Paulo: Abril Cultural, 1979. p. 331.

28. RATTON JÚNIOR, José Luiz de Amorim. *Ulisses liberto ou Prometeu acorrentado?* Tese (Doutorado em Sociologia), Universidade Federal de Pernambuco, Recife, 2003. p. 18.

portanto, a expressão por excelência da *racionalidade imperfeita*. Os meios indiretos por ele utilizados para alcançar sua meta são *pré-compromissos*.

Elster estabelece uma analogia entre o estado de ânimo de Ulisses nesse dramático ponto de sua jornada e a ideia fundamental de uma assembleia constituinte: amarrar as gerações sucessoras.[29] Constituições, segundo essa definição, são "dispositivos de pré-compromisso ou autorrestrição, criados pelos políticos para se protegerem de suas próprias tendências previsíveis a tomar decisões pouco sábias".[30] As exigências de *maiorias qualificadas* e de *atrasos* (espaços temporais mínimos) para modificar normas constitucionais ou mesmo a *petrificação absoluta* de algumas dessas normas são instrumentos de que a assembleia constituinte se vale para tornar efetivos os pré-compromissos, protegendo-os das paixões e interesses de maiorias circunstanciais futuras.[31]

A analogia entre a história de Ulisses e a empreitada constitucional não é ocasional na obra do filósofo norueguês. Seu uso tem relação com a opção metodológica do autor. Como observa Ratton, "Elster esteve comprometido, desde os seus primeiros escritos, com o individualismo metodológico"[32],

29. ELSTER, Jon. *Ulysses and the Sirens*. Cambridge, Cambridge University Press, 2013. p. 103.

30. ELSTER, Jon. *Ulisses liberto*. Tradução: Cláudia Sant'Ana Martins. São Paulo: Editora UNESP, 2009. p. 119.

31. ELSTER, Jon. *Ulisses liberto*. Tradução: Cláudia Sant'Ana Martins. São Paulo: Editora UNESP, 2009. p. 136-137.

32. RATTON JÚNIOR, José Luiz de Amorim. *Ulisses liberto ou Prometeu acorrentado?* Tese (Doutorado em Sociologia), Universidade Federal de Pernambuco, Recife, 2003. p. 19.

o qual consiste numa "doutrina em que todos os fenômenos sociais – sua estrutura e sua mudança – são, em princípio, explicáveis de forma que somente envolvam indivíduos – suas propriedades, seus objetivos, suas crenças e suas ações"[33]. "A explicação em ciências sociais deve ser, portanto, capaz de reduzir fenômenos complexos a seus elementos constitutivos: as ações individuais". Trata-se de uma forma de *reducionismo explicativo*. Para ir de instituições sociais e padrões agregados de comportamento para indivíduos, Elster utiliza "o mesmo tipo de operação de quando se vai de células para moléculas".[34] A partir do individualismo metodológico, pois, o fenômeno do pré-compromisso constitucional é reduzido ao drama de Ulisses: assim como o herói grego, a sociedade, em momentos de sobriedade, para não sucumbir a paixões e fraquezas futuras, limitaria seu próprio poder de deliberação.

A analogia elsteriana é criativa, mas incapaz, por si só, de dar conta da complexidade do fenômeno constitucional. Desde que usou a metáfora de Ulisses pela primeira vez, Elster reconhece que ela é "apenas parcialmente válida" e, mais recentemente, tem admitido que os problemas da "falsa analogia entre autorrestrições individuais e coletivas" são ainda maiores do que imaginava. Segundo ele, "transferir concei-

33. RATTON JÚNIOR, José Luiz de Amorim; MORAES, Jorge Ventura. *Para ler Jon Elster: limites e possibilidades da explicação por mecanismos nas Ciências Sociais*. Dados – Revista de Ciências Sociais, v. 46, n. 02, p. 385-410. Rio de Janeiro: 2003. p. 386.

34. RATTON JÚNIOR, José Luiz de Amorim; MORAES, Jorge Ventura. *Para ler Jon Elster: limites e possibilidades da explicação por mecanismos nas Ciências Sociais*. Dados – Revista de Ciências Sociais, v. 46, n. 02, p. 385-410. Rio de Janeiro: 2003. p. 389.

tos usados para estudar indivíduos para o comportamento de coletividades, como se estas fossem indivíduos em escala ampliada, pode ser enganoso".[35] Trata-se, como identifica Ratton, de um problema do individualismo metodológico: "uma postura teórica (como o individualismo metodológico), que não elimina necessariamente a existência do macroscópico em si, mas de fato nega-lhe qualquer poder causal inerente ao seu próprio nível, coloca em questão o próprio nível de existência ontológica do social". Mesmo na física, segundo ele, explicações reducionistas não são universalmente aplicáveis: "Muitos sistemas físicos macroscópicos só podem ser explicados como sistemas, e o comportamento de seus componentes, como partes de sistemas".[36] Em suma, a estratégia elsteriana de reduzir o fenômeno constitucional ao exemplo individual de Ulisses resta comprometida pela constatação de que os arranjos sociais resultantes das interações entre os indivíduos são qualitativamente distintos das unidades mínimas dos quais emergem.[37] Esse problema acentua-se em sociedades heterogêneas e fragmentadas como as atuais, nas quais, ao contrário do que ocorreu na Filadélfia, por exemplo,

35. ELSTER, Jon. *Ulisses liberto*. Tradução: Cláudia Sant'Ana Martins. São Paulo: Editora UNESP, 2009. p. 124.

36. RATTON JÚNIOR, José Luiz de Amorim; MORAES, Jorge Ventura. *Para ler Jon Elster: limites e possibilidades da explicação por mecanismos nas Ciências Sociais. Dados – Revista de Ciências Sociais*, v. 46, n. 02, p. 385-410. Rio de Janeiro: 2003. p. 402.

37. RATTON JÚNIOR, José Luiz de Amorim; MORAES, Jorge Ventura. *Para ler Jon Elster: limites e possibilidades da explicação por mecanismos nas Ciências Sociais. Dados – Revista de Ciências Sociais*, v. 46, n. 02, p. 385-410. Rio de Janeiro: 2003. p. 390.

"nenhum grupo tem uma pretensão inerente de representar o interesse geral".[38]

A ideia de pré-compromisso tampouco é capaz de justificar a superioridade das decisões de uma geração sobre as decisões de uma geração posterior. Ela não elimina, portanto, o risco de os pré-compromissos instituírem um governo dos mortos sobre os vivos.

Além disso, não é possível assegurar que um pré-compromisso decorra exatamente de uma escolha racional em um momento de sobriedade. Hayek, igualmente trabalhando com metáforas, concebeu a imagem de que a Constituição seria um laço imposto por Pedro quando sóbrio a Pedro quando bêbado.[39] O próprio Elster reconhece, no entanto, que as pessoas podem, ao invés disso, celebrar pré-compromissos em momentos de paixão e contra a racionalidade: "a premissa de um Pedro sóbrio pode não se cumprir na realidade. É uma irregularidade empírica impressionante que as constituições tendem a ser escritas em tempos de turbulência e revolta, em que paixões tendem a fervilhar".[40] Waldron também ilustra o problema com uma história fictícia. Uma mulher chamada Bridget, ao se converter a uma determinada religião, entrega a uma amiga a chave da biblioteca de sua casa, que contém livros que poderiam tentá-la a se desviar do seu caminho espiritual. Ela instrui a amiga a jamais lhe devolver a chave. No futuro, assomada por uma crise

38. ELSTER, Jon. *Ulisses liberto*. Tradução: Cláudia Sant'Ana Martins. São Paulo: Editora UNESP, 2009. p. 213-214.

39. HAYEK, Friedrich August von. *The Constitution of Liberty*. Chicago: University of Chicago Press, 1960. p. 180.

40. ELSTER, Jon. *Ulisses liberto*. Tradução: Cláudia Sant'Ana Martins. São Paulo: Editora UNESP, 2009. p. 40 e 203.

de fé, muda de ideia e pede a chave de volta para recuperar o acesso aos livros. É difícil definir qual manifestação de vontade de Bridget deve prevalecer, se a do passado ou a do presente.[41]

Outra objeção à ideia de pré-compromisso parte da constatação de um que um povo, no momento constituinte, ao adotar cláusulas pétreas e exigências de maiorias qualificadas e atrasos para modificações constitucionais, não necessariamente está se autorrestringindo. Em seus escritos mais recentes, Elster admite uma mudança de sua visão no ponto, estimulada sobretudo por um comentário do historiador norueguês Jens Arup Seip: "No mundo da política, as pessoas nunca tentam restringir a si próprias, mas apenas aos outros". De fato, por vezes, as decisões tomadas por uma assembleia constituinte, a pretexto de se autorrestringir, podem ser posições de uma maioria circunstancial que busca apenas dificultar que a minoria as reverta no futuro. Não se trata, portanto, de um pré-compromisso voltado à restrição de si mesmo, mas à restrição dos outros.[42]

Deve-se considerar, ainda, que "constituições podem nem mesmo ter o poder de restringir". Inclusive Constituições com disposições imunes a emendas "não restringem em um sentido rígido, pois a ação extraconstitucional sempre continua sendo possível. O indivíduo que quer se autorrestringir pode confiar sua vontade a instituições ou forças externas, além de seu controle, que o impeçam de mudar de opinião. Mas *não*

41. WALDRON, Jeremy. *Precommitment and Disagreement.* In: ALEXANDER, Larry. *Constitutionalism: Philosophical Foundations.* Cambridge: Cambridge University Press, 1998. p. 271-297.

42. ELSTER, Jon. *Ulisses liberto.* Tradução: Cláudia Sant'Ana Martins. São Paulo: Editora UNESP, 2009. p. 07 e 125.

há nada externo à sociedade (...)".[43] Aqui, em resumo, cuida-se da possibilidade de o poder constituinte originário, a qualquer momento, alterar o pré-compromisso por ele mesmo firmado.

Outro ponto vulnerável da noção de pré-compromisso diz respeito à suposição de que os constituintes seriam imunes aos vícios da política. Segundo as formulações mais recentes de Elster, "a ideia de que os constituintes são *semideuses legislando para bestas* é uma ficção".[44] De fato, constituintes, como agentes políticos de carne e osso que são, também agem motivados por paixões e interesses cotidianos. Esse problema é mais recorrente em assembleias como a brasileira, que acumulou a função constituinte e a função legislativa ordinária, potencializando a confusão entre elas.

Finalmente, é preciso observar que há situações em que "o pré-compromisso constitucional, quando desejável, pode não ser possível ou eficaz; quando possível e eficaz, pode não ser desejável".[45]

No caso, por exemplo, de uma sociedade permeada por animosidades étnicas e religiosas e sólidos compromissos com a hierarquia, tais paixões podem produzir a opressão de minorias, de modo que seria desejável um pré-compromisso constitucional para sua proteção, na forma de direitos pétreos. Esse pré-compromisso de autorrestrição, no entanto, pode jamais

43. ELSTER, Jon. *Ulisses liberto*. Tradução: Cláudia Sant'Ana Martins. São Paulo: Editora UNESP, 2009. p. 127.

44. ELSTER, Jon. *Ulisses liberto*. Tradução: Cláudia Sant'Ana Martins. São Paulo: Editora UNESP, 2009. p. 219.

45. ELSTER, Jon. *Ulisses liberto*. Tradução: Cláudia Sant'Ana Martins. São Paulo: Editora UNESP, 2009. p. 200.

ser aprovado, a menos que imposto por uma força externa ou por um subconjunto da sociedade politicamente organizado.[46]

Por outro lado, mesmo quando possíveis e eficazes, autorrestrições constitucionais podem não ser desejáveis, por implicarem uma rigidez incompatível com a flexibilidade de ação exigida numa situação de crise constitucional. Aqui Elster recorda que "a constituição não é um pacto suicida". Dispositivos de emergência constitucional, por meio dos quais se franqueia ao Estado a relativização temporária de alguns direitos, são justamente meios de prevenção ao suicídio.[47] Um pré-compromisso tão forte que proíba tais dispositivos pode levar a Constituição à morte prematura, embora o uso indiscriminado de poderes de emergência também possa ser nefasto, como demonstra a tragédia de Weimar. Enfim, aqui, o constituinte inevitavelmente se encontra – de acordo com outra figura homérica – entre *Cila* e *Caribdis*[48]: ao se afastar do risco de morte prematura, a Constituição aproxima-se do perigo de arroubos autoritários.

---

46. ELSTER, Jon. *Ulisses liberto*. Tradução: Cláudia Sant'Ana Martins. São Paulo: Editora UNESP, 2009. p. 200.
47. ELSTER, Jon. *Ulisses liberto*. Tradução: Cláudia Sant'Ana Martins. São Paulo: Editora UNESP, 2009. p. 207.
48. *Cila* e *Caribdis* são dois monstros marinhos da mitologia grega, cada um situado em uma das margens opostas do Estreito de Messina, que separa a Sicília e a península italiana. Os monstros são referidos por Homero no mesmo canto em que Ulisses passa pela ilha das sereias. A metáfora, bastante utilizada no âmbito jurídico, indica situação em que alguém se encontra entre dois perigos e, inevitavelmente, ao se afastar de um, se aproxima de outro. FELDENS, Luciano. *Direitos Fundamentais e Direito Penal.* Porto Alegre: Livraria do Advogado, 2008. p. 95.

Em resumo, a ideia de pré-compromisso e a metáfora elsteriana são úteis para a compreensão do fenômeno constituinte. Mas têm diversas vulnerabilidades que as tornam insuficientes, por si sós, para explicar e justificar a petrificação de determinadas decisões.

2.3.3 Neocontratualismo

2.3.3.1 Contratualismos

A identificação das condições de surgimento e estabilidade da cooperação humana, das origens da sociedade e dos fundamentos do Estado configura o problema central da política e do Direito. O *contratualismo* irrompe como alternativa que oferece uma série de possíveis respostas e soluções a esse problema.[49]

De acordo com Nicola Matteucci, o contratualismo, em sentido amplo, compreende todas as teorias políticas que identificam a origem da sociedade e o fundamento do poder político num contrato, isto é, num "acordo tácito ou expresso entre a maioria dos indivíduos", o qual assinala "o fim do estado natural e o início do estado social e político". Em sentido mais restrito, contratualismo refere-se a uma escola específica que surgiu na Europa a partir do século XVII e que tem em Hobbes, Spinoza, Locke, Rousseau e Kant alguns de seus principais expoentes.[50]

49. CHIAPPIN, J. R. N.; LEISTER, Carolina. *O contratualismo como método: política, direito e neocontratualismo. Revista de Sociologia e Política*, v. 18, n. 35, p. 09-26, 2010. p. 09.

50. MATTEUCCI, Nicola. *Contratualismo.* In: BOBBIO, Norberto; MATTEUCCI, Nicola; PASQUINO, Gianfranco (org.). *Dicionário de política.* Tradução: Carmen Varriale. Brasília: Editora Universidade de Brasília, 2004. p. 272.

O contratualismo, portanto, comporta diferentes teorias e níveis explicativos. Uma linha sustenta que a passagem do estado de natureza ao estado de sociedade é um *fato histórico realmente ocorrido* que marca a origem do homem civilizado. Outra vertente usa o estado de natureza como mera *hipótese lógica* que justifica a ideia racional ou jurídica de Estado e fundamenta a autoridade política num acordo entre indivíduos. Por fim, afastando-se totalmente do problema antropológico da origem do homem civilizado e do problema filosófico e jurídico da origem do Estado, uma terceira hipótese trata o contrato social apenas como *instrumento de ação política* capaz de impor limites a quem detém o poder.[51]

Como anota Rawls, "há muitas teorias contratualistas possíveis", entre as quais a sua própria, chamada de *justiça como equidade*. As concepções variam "dependendo de como as partes contratantes são concebidas, do que se afirma serem suas crenças e interesses, de quais opções lhes estão disponíveis".[52]

Um conjunto de condições criou o ambiente para a ascensão do contratualismo. Em primeiro lugar, sociedades tradicionais que retiravam sua "legitimidade do peso do passado" foram suplantadas por novas formas de governo. É o que ocorreu, na Grécia, na passagem da sociedade gentílica para a *polis* e, na Europa em geral, na consolidação do Estado moderno sobre a sociedade feudal, baseada em castas. Em segundo lugar, tornou-se hegemônica uma cultura política secular, "disposta

51. MATTEUCCI, Nicola. *Contratualismo*. In: BOBBIO, Norberto; MATTEUCCI, Nicola; PASQUINO, Gianfranco (org.). *Dicionário de política*. Tradução: Carmen Varriale. Brasília: Editora Universidade de Brasília, 2004. p. 272.
52. RAWLS, John. *Uma teoria da justiça*. São Paulo: Martins Fontes, 2016. p. 147.

a discutir racionalmente a origem e os fins do governo, não o aceitando passivamente por ser um dado da tradição ou de origem divina". Por fim, em terceiro lugar, o instituto do contrato, de uso inicialmente restrito às relações privadas, passou a ser usado, de modo análogo, também no domínio público, com a finalidade de "dar uma legitimação racional às ordens do poder, mostrando que ele se fundamenta no consenso dos indivíduos".[53]

Além do mais, o constitucionalismo moderno e a teoria do contrato social oferecem uma solução prática para o problema da representação. A impossibilidade de realização da democracia direta em Estados com vasto território e população promoveu o estabelecimento de sistemas representativos, nos quais o poder político ordinário é exercido por representantes, e não diretamente pelos cidadãos.[54] A Constituição é o instrumento que delimita o poder desses representantes.

A complexidade do mundo contemporâneo impõe ao tema do contrato social a necessidade de novos desenvolvimentos teóricos. Após a tragédia nazista, houve um renascimento do jusnaturalismo, o qual, no entanto, não prosperou, uma vez que já não se não aceita a ideia de que a lei e a Constituição são dados previamente existentes, inscritos em algum Direito Natural, apenas revelados ou descobertos pela razão humana. A Constituição é uma construção convencional que decorre da

---

53. MATTEUCCI, Nicola. *Contratualismo*. In: BOBBIO, Norberto; MATTEUCCI, Nicola; PASQUINO, Gianfranco (org.). *Dicionário de política*. Tradução: Carmen Varriale. Brasília: Editora Universidade de Brasília, 2004. p. 272-273.

54. VIEIRA, Oscar Vilhena. *A constituição e sua reserva de justiça: um ensaio sobre os limites materiais ao poder de reforma*. São Paulo: Malheiros, 1999. p. 42.

vontade humana, e não da natureza. Vilhena Vieira conclui: "É no marco da teoria do contrato social, portanto, que surge a ideia de poder constituinte. Esse é o substrato humano – mais do que isto, coletivo e democrático – que substituirá o grande legislador mitológico ainda presente em Rousseau, capaz de descobrir as leis da natureza".[55]

Noutro giro, como afirma Lafer, "nas sociedades contemporâneas vem prevalecendo uma legitimidade tópica, que se opõe ao 'holismo' da ordem". Essa legitimidade tópica "caracteriza-se pela ênfase centrífuga em situações particulares e locais", ou seja, a legitimidade deixa de repousar apenas num ente central e se distribui entre diversos atores. O Estado é muito menos um ente soberano e muito mais o "mediador e fiador de negociações que se desenvolvem entre grandes organizações – como empresas, partidos, sindicatos e grupos de pressão". Dito de outro modo, diferentemente do que ocorre no contratualismo clássico, "a unidade do Estado e do Direito não é um ponto de chegada", mas um "processo contínuo e aberto", no qual "as forças sociais não se constituem e se estabilizam de uma vez por todas". Essas forças "compõem-se e decompõem-se sem cessar".[56]

Numa sociedade complexa e pluralista como essa, o Estado apenas tem condições de sobreviver caso o "pacto social seja continuamente renovado e legitimado". Todavia, a necessidade de permanente renovação, mediante acordos das diversas forças

---

55. VIEIRA, Oscar Vilhena. *A constituição e sua reserva de justiça: um ensaio sobre os limites materiais ao poder de reforma.* São Paulo: Malheiros, 1999. p. 42.

56. LAFER, Celso. *A reconstrução dos direitos humanos: um diálogo com o pensamento de Hannah Arendt.* São Paulo: Companhia das Letras, 1988. p. 72.

políticas e sociais, numa sociedade plural, gera o risco de essa sociedade "perder-se no particularismo de seu pluralismo" e, assim, de "ver dissolvido o conceito de unidade, ou seja, a ideia de comunidade política que, na elaboração que vai da *polis* grega ao Estado moderno, vincula as partes, que de outra forma estariam em permanente conflito".[57] A discussão aqui se encontra com o tema das cláusulas pétreas. Caso muito abrangentes, elas impedem a renovação do pacto; se muito reduzidas, não contribuem para a estabilização, a unidade e a sobrevivência da comunidade.

A propósito da renovação do pacto social, Russel Hardin, citado por Vilhena Vieira, traz um novo e importante conceito ao debate. Trata-se da noção de *aquiescência*. Hardin aponta diferenças entre as teorias contratualistas tradicionais e as teorias da coordenação, filiando-se a essas últimas. Ao fazê-lo, no entanto, não exatamente rompe com toda a tradição contratualista. Segundo ele, o próprio Hobbes, um notório contratualista, seria muito mais um fundador da teoria da coordenação do que um teórico do contratualismo.[58] Para Hardin, a *metáfora do contrato social* e a ideia de *consentimento* são limitadas, principalmente em sociedades de grande escala, nas quais claramente não há um acordo ativo celebrado entre indivíduos para a formação do Estado e da sociedade. A aquiescência, mais concreta e passiva do que o consentimento, explicaria melhor a subordinação de

57. LAFER, Celso. *A reconstrução dos direitos humanos: um diálogo com o pensamento de Hannah Arendt*. São Paulo: Companhia das Letras, 1988. p. 72-73.

58. HARDIN, Russel. *Why a Constitution?* In: GALLIGAN, Denis J.; VERSTEEG, Mila (orgs). *Social and Political Foundations of Constitutions*. Cambridge: Cambridge University Press, 2013. p. 61.

uma sociedade à autoridade de uma Constituição.[59] Essa subordinação apenas se sustenta na medida em que os diversos atores sociais mantêm o interesse de resolver seus conflitos por meio de normas e instituições estabelecidas na Constituição. Essa constatação impõe às Constituições, para que sejam exitosas, que criem os incentivos corretos para que as gerações futuras continuem interessadas em seguir as regras de coordenação constitucional.[60]

Entre as tentativas de atualizar o contratualismo a todo esse conjunto de desafios, tem importante destaque a obra de John Rawls, o qual agregou uma série de novas ideias à discussão.

2.3.3.2 O contratualismo rawlsiano

2.3.3.2.1 Posição original e princípios de justiça

O projeto de Rawls, como anota Álvaro de Vita, foi o de "articular de forma sistemática uma perspectiva normativa que oferecesse uma alternativa sobretudo ao utilitarismo, de natureza contratualista em sua fundamentação e que fosse liberal-igualitária em seus compromissos normativos substantivos".[61] Uma das teses centrais do utilitarismo é que a sociedade está ordenada

59. HARDIN, Russell. Entrevista conduzida por Cristina Buarque e Fernando Lattman-Weltman. *Revista Estudos Políticos*: a publicação eletrônica semestral do Laboratório de Estudos Hum(e)anos (UFF) e do Núcleo de Estudos em Teoria Política (UFRJ). Rio de Janeiro, n. 7, p. 03-04, dezembro de 2013. Disponível em: http://revistaestudospoliticos.com/.

60. VIEIRA, Oscar Vilhena. *A batalha dos poderes: da transição democrática ao mal-estar constitucional.* São Paulo: Companhia das Letras, 2018. p. 123-124.

61. VITA, Álvaro de. *Apresentação da edição brasileira*. In: RAWLS, John. *Uma teoria da justiça*. São Paulo: Martins Fontes, 2016. p. XVII.

corretamente quando suas principais instituições estão organizadas para obter o maior saldo líquido de satisfação. Nessa medida, "a decisão correta é, em essência, uma questão de administração eficiente". Rawls, ao contrário, parte da premissa de que "cada pessoa possui uma inviolabilidade fundada na justiça que nem o bem-estar de toda a sociedade pode desconsiderar". O utilitarismo, segundo ele, estende "para a sociedade o princípio de escolha para um único ser humano" e, ao fazê-lo, "não leva a sério a distinção entre as pessoas".

De acordo com Rawls, essa inviolabilidade de cada indivíduo e sua primazia sobre o bem-estar agregado são decorrência de princípios que seriam escolhidos numa situação inicial da sociedade, chamada de *posição original*.[62] Trata-se de um *artifício contrafático*, um *recurso expositivo* que resume as condições iniciais de deliberação e ajuda a deduzir as consequências decisórias dessas condições. Não é uma "situação histórica real" ou uma "assembleia geral que, a certo momento, abarca todas as pessoas que vivem em determinada época", mas uma "situação puramente hipotética, assim caracterizada para levar a determinada concepção de justiça".[63]

Nessa posição, que simula um ambiente ideal de deliberação[64] e que corresponde ao estado de natureza da teoria tradicional do contrato social, pessoas livres e iguais estão submetidas a um *véu de ignorância* que elimina vantagens de

---

62. RAWLS, John. *Uma teoria da justiça*. São Paulo: Martins Fontes, 2016. p. XXXVI, 26-27, 33-34.

63. RAWLS, John. *Uma teoria da justiça*. São Paulo: Martins Fontes, 2016. p. 14, 26 e 168.

64. SOUZA NETO, Cláudio Pereira de. *Teoria Constitucional e Democracia Deliberativa*. Rio de Janeiro: Renovar, 2006. p. 99.

barganha e as impede de tomar decisões com base em contingências específicas decorrentes de suas condições de vida. Segundo Rawls, "ninguém conhece seu lugar na sociedade, sua classe ou *status* social; e ninguém conhece sua sorte na distribuição dos recursos e das habilidades naturais, sua inteligência, força e coisas do gênero". As pessoas não sabem sequer a qual geração pertencem.[65]

Nenhuma pessoa nessa posição tem meios de obter vantagens especiais para si mesma e tampouco razões para concordar com desvantagens especiais. Assim, "as partes partem de um princípio que requer iguais liberdades fundamentais para todos, bem como uma igualdade equitativa de oportunidades e uma divisão igualitária de renda e riqueza". Admitem-se desigualdades apenas na medida em que "melhorem a situação de todos, inclusive a dos menos favorecidos, e desde que elas sejam compatíveis com a liberdade igual e a igualdade de oportunidades".[66]

Em resumo, por meio de um raciocínio desse tipo chega-se a uma versão preliminar dos dois *princípios de justiça* rawlsianos.

Para elaborá-los de modo mais sistemático, todavia, impõe-se "calcular suas consequências para as instituições e observar suas implicações para a política social fundamental". Rawls propõe que isso seja feito mediante a regra *maximin*. De acordo com essa regra, diante de uma pluralidade de opções, "devemos

65. RAWLS, John. *O liberalismo político*. Tradução: Álvaro de Vita. São Paulo: Martins Fontes, 2001. p. 66; RAWLS, John. *Uma teoria da justiça*. São Paulo: Martins Fontes, 2016. p. 14-15 e 166.

66. RAWLS, John. *Uma teoria da justiça*. São Paulo: Martins Fontes, 2016. p. 183-184.

adotar a alternativa cujo pior resultado seja superior aos piores resultados das outras".[67]

Em seguida, os princípios são sujeitos a mais um procedimento, chamado de *equilíbrio reflexivo*. Aqui, anota Souza Neto, "está em causa não o ponto de vista dos participantes da posição inicial, mas o ponto de vista dos observadores externos a ela". Os princípios de justiça são submetidos a "nossas convicções mais firmes e ponderadas", fazendo-se os ajustes necessários para solucionar eventuais colisões.[68]

Em suma, em termos muito esquemáticos, assim se chega aos termos definitivos dos dois princípios rawlsianos. De acordo com o primeiro princípio, "cada pessoa deve ter um direito igual ao mais amplo sistema total de liberdades básicas iguais que seja compatível com um sistema de liberdades para todos". O segundo princípio, por sua vez, dispõe: "As desigualdades econômicas e sociais devem ser dispostas de modo a que tanto: (a) se estabeleçam para o máximo benefício possível dos menos favorecidos que seja compatível com as restrições do princípio de poupança justa, como (b) estejam vinculadas a cargos e posições abertos a todos em condições de igualdade equitativa de oportunidades".[69]

É oportuno observar que a construção desses princípios não se opera a partir de uma lógica jusnaturalista. Eles "não são justificados a partir de uma racionalidade que lhes seja imanente", mas por um "processo de construção cuja racionalidade é

---

67. RAWLS, John. *Uma teoria da justiça*. São Paulo: Martins Fontes, 2016. p. 186.
68. SOUZA NETO, Cláudio Pereira de. *Teoria Constitucional e Democracia Deliberativa*. Rio de Janeiro: Renovar, 2006. p. 99-101.
69. RAWLS, John. *Uma teoria da justiça*. São Paulo: Martins Fontes, 2016. p. 376.

garantida pelas normas procedimentais que o balizam". Dito de outro modo, "os princípios de justiça, que marcam o termo final do procedimento de construção, são pretensamente racionais porque tal procedimento é estruturado racionalmente".[70]

2.3.3.2.2 Críticas e consensos

Essa estratégia de construção não imuniza Rawls de algumas objeções. O conjunto de críticas mais importantes veio de comunitaristas como Charles Taylor e Michael Sandel. Segundo a síntese de Nythamar de Oliveira, o modelo liberal de Rawls tende "a conceber o indivíduo isolado da comunidade e de suas ideias correlatas de bem comum, tradição e contexto, tornando-o incapaz de assegurar a coesão e integração de um grupo social qualquer, menos ainda da sociedade como um todo".[71]

Souza Neto, por sua vez, aponta que, "apesar de construtivista e procedimental, sua teoria não deixa de implicar uma fundamentação metafísica", tendo em vista, por exemplo, "a pressuposição da concepção de pessoa, o universalismo de seus princípios morais e a abstração radical a que leva o mecanismo da posição original". Não está claro "como o autor fundamenta as condições procedimentais impostas às partes na posição original" e tampouco por qual razão parte da pressuposição de que pessoas na posição original são livres e iguais. Aqui seu raciocínio parece padecer de certa circularidade: "Rawls parte de uma concepção de pessoa para, através do artifício da posição

---

70. SOUZA NETO, Cláudio Pereira de. *Teoria Constitucional e Democracia Deliberativa*. Rio de Janeiro: Renovar, 2006. p. 103-105.
71. OLIVEIRA, Nythamar de. *Rawls*. Rio de Janeiro: Jorge Zahar, 2003. p. 22.

original, chegar à formulação dos princípios que devem reger a estrutura básica da sociedade"; porém, essa concepção de pessoa é extraída justamente dessa mesma estrutura básica.[72]

Essas críticas a Rawls parecem encontrar amparo no fato de ele sustentar que a posição original é uma ideia intuitiva.[73] Se é intuitiva, não decorre necessariamente da racionalidade.

Conceito problemático em sua construção é também a ideia de *sociedade bem-ordenada*. Uma sociedade é bem-ordenada quando todos os indivíduos aceitam os mesmos princípios de justiça, suas principais instituições estão de acordo com esses princípios e os cidadãos agem de acordo com elas. Trata-se, segundo o próprio Rawls reconheceria, de um "conceito extremamente idealizado" que pode não ser realizável em uma sociedade plural.[74]

Rawls nunca abandonou o artifício da posição original. De todo modo, diante das críticas e novas questões colocadas, incorporou à sua estratégia de justificação dos princípios um novo conceito. Trata-se da ideia de *consenso sobreposto*.

Segundo o autor, um dos traços característicos de uma sociedade democrática é a "diversidade de doutrinas religiosas, filosóficas e morais abrangentes e razoáveis" que nela convivem. Não se trata de "uma simples condição histórica que pode desaparecer", mas de "um traço permanente da cultura pública

72. SOUZA NETO, Cláudio Pereira de. *Teoria Constitucional e Democracia Deliberativa*. Rio de Janeiro: Renovar, 2006. p. 106-108.

73. RAWLS, John. *Uma teoria da justiça*. São Paulo: Martins Fontes, 2016. p. 26 e 184.

74. RAWLS, John. *O liberalismo político*. Tradução: Álvaro de Vita. São Paulo: Martins Fontes, 2001. p. 79.

da democracia", "produto inevitável da razão humana livre". O principal problema rawlsiano passa a ser desvelar esse *pluralismo razoável*, isto é, "compreender como é possível existir, ao longo do tempo, uma sociedade estável e justa de cidadãos livres e iguais profundamente divididos" por uma série de doutrinas.[75]

A solução continua residindo nos seus princípios de justiça, que, imparciais, são capazes de fornecer um fundamento razoável para a cooperação entre as diversas *doutrinas abrangentes* existentes. No entanto, nessa fase de sua produção teórica, os dois princípios de justiça "são considerados válidos não só porque foram construídos de acordo com um procedimento racional de justificação (posição original), mas também, e fundamentalmente, porque podem contar com a aprovação generalizada das doutrinas abrangentes razoáveis que convivem nas sociedades democráticas da atualidade (consenso sobreposto)".[76] Em síntese, é esse consenso que pode preservar a unidade e a estabilidade da sociedade, dado o pluralismo que lhe é característico.[77]

Ambos os princípios de justiça rawlsianos são objeto do consenso sobreposto. Esse consenso, porém, não se realiza integralmente no plano constitucional. Rawls concebe um processo gradual de adesão aos princípios de justiça.

75. RAWLS, John. *O liberalismo político*. Tradução: Álvaro de Vita. São Paulo: Martins Fontes, 2001. p. 25 e 80.

76. SOUZA NETO, Cláudio Pereira de. *Teoria Constitucional e Democracia Deliberativa*. Rio de Janeiro: Renovar, 2006. p. 109-111.

77. RAWLS, John. *O liberalismo político*. Tradução: Álvaro de Vita. São Paulo: Martins Fontes, 2001. p. 179.

Esse processo inicia-se como um *modus vivendi*, no qual há uma convergência de interesses apenas sob determinadas condições. Se essas condições mudarem, o pacto é desfeito. Em tal estágio, "a unidade social é apenas aparente, assim como contingente é sua estabilidade".[78]

De qualquer forma, a simples adesão a princípios de justiça como *modus vivendi* e sua incorporação a documentos constitucionais "tendem a alterar as doutrinas abrangentes dos cidadãos, de modo que estes aceitam pelo menos os princípios de uma constituição liberal". Esses princípios asseguram certas liberdades e direitos políticos e estabelecem procedimentos democráticos para moderar a rivalidade política e resolver questões de política social. Assim, as visões abrangentes dos cidadãos passam a convergir e tornam-se razoáveis: "o simples pluralismo passa a ser um pluralismo razoável e assim se alcança o *consenso constitucional*".[79]

Um consenso constitucional estável deve cumprir alguns requisitos. Um deles consiste em "fixar, de uma vez por todas, o conteúdo de certas liberdades e direitos políticos fundamentais, e de lhes atribuir uma prioridade especial". Isso implica a retirada dessas "garantias da agenda política e as coloca além do cálculo dos interesses sociais". A "recusa em retirar essas questões da agenda perpetua divisões profundas latentes na sociedade" e impossibilita um consenso estável.[80] É aqui que o contratualis-

78. RAWLS, John. *O liberalismo político*. Tradução: Álvaro de Vita. São Paulo: Martins Fontes, 2001. p. 193.
79. RAWLS, John. *O liberalismo político*. Tradução: Álvaro de Vita. São Paulo: Martins Fontes, 2001. p. 210-211.
80. RAWLS, John. *O liberalismo político*. Tradução: Álvaro de Vita. São Paulo: Martins Fontes, 2001. p. 208.

mo rawlsiano se encontra com o tema das cláusulas pétreas, que são o instrumento por excelência de supressão de certos direitos e liberdades da política cotidiana. Também é apropriado referir a possibilidade de acionamento da jurisdição constitucional para a proteção desse conjunto de direitos e liberdades.

Perceba-se que o consenso constitucional "não é profundo e tampouco é amplo: seu âmbito é restrito, não inclui a estrutura básica, mas apenas os procedimentos políticos do governo democrático".[81] Isso, porém, não o afasta de todo e qualquer conteúdo econômico-social. A posição de Rawls, nesse particular, sofreu modificações ao longo do tempo, com "importantes repercussões no âmbito da teoria constitucional".[82] Como ele passou a observar, "abaixo de um certo nível de bem-estar material e social, e de treinamento e educação, as pessoas simplesmente não podem participar da sociedade como cidadãos, e muito menos como cidadãos iguais".[83] Um mínimo social, portanto, é também um elemento constitucional essencial, a ser protegido pela jurisdição constitucional contra maiorias circunstanciais.

Finalmente, o consenso sobreposto consiste num acordo mais profundo e extenso. A adesão dos cidadãos aos princípios que configuram o consenso constitucional estimula as virtudes cooperativas e a confiança de uns nos outros. Isso possibilita, então, um consenso com mais profundidade (que alcança ideias

81. RAWLS, John. *O liberalismo político*. Tradução: Álvaro de Vita. São Paulo: Martins Fontes, 2001. p. 206.

82. SOUZA NETO, Cláudio Pereira de. *Teoria Constitucional e Democracia Deliberativa*. Rio de Janeiro: Renovar, 2006. p. 123-125.

83. RAWLS, John. *O liberalismo político*. Tradução: Álvaro de Vita. São Paulo: Martins Fontes, 2001. p. 213.

como a da sociedade enquanto um sistema equitativo de cooperação e dos cidadãos como indivíduos razoáveis, racionais, livres e iguais) e extensão (que abrange mais direitos substantivos).[84]

2.3.3.2.3 Razão pública

Em resumo, diante do pluralismo razoável, um trabalho de reconciliação entre os diversos valores que caracterizam a sociedade leva ao consenso constitucional e ao consenso sobreposto. Um importante instrumento desse trabalho é a *razão pública*. É ela que permite que uma sociedade, nos processos de deliberação pública e de argumentação política, articule planos, estabeleça fins numa ordem de prioridade e tome decisões em conformidade com seus princípios de justiça.[85]

A razão pública está associada a uma concepção política de justiça que estabelece direitos e atribui uma prioridade entre eles. Ao se qualificar essa concepção como política, objetiva-se afirmar, entre outras coisas, que ela é independente de qualquer doutrina religiosa ou filosófica mais ampla. Além disso, ela veicula diretrizes de indagação, isto é, princípios argumentativos e regras de evidência que impõem que as decisões observem "formas de raciocínio e argumentação acessíveis aos cidadãos em geral" e "procedimentos e conclusões da ciência que não sejam controvertidos".[86]

---

84. RAWLS, John. *O liberalismo político*. Tradução: Álvaro de Vita. São Paulo: Martins Fontes, 2001. p. 195, 210 e 215-216.
85. RAWLS, John. *O liberalismo político*. Tradução: Álvaro de Vita. São Paulo: Martins Fontes, 2001. p. 261.
86. RAWLS, John. *O liberalismo político*. Tradução: Álvaro de Vita. São Paulo: Martins Fontes, 2001. p. 208 e 272-274.

Os limites impostos pela razão pública não se aplicam a todas as questões políticas, mas apenas aos *elementos constitucionais essenciais*, que configuram o consenso constitucional. Em espaços como o parlamento e o executivo, portanto, quando não estão em discussão esses elementos, as maiorias podem decidir de acordo com determinada doutrina abrangente, e não de acordo com a razão pública. Por outro lado, caso algum desses elementos seja atingido, a decisão majoritária pode ser invalidada pela jurisdição constitucional, que é sempre vinculada à razão pública e em nenhum caso deve invocar sua própria moralidade particular ou visões religiosas para decidir. Decisões judiciais devem se amparar em "valores que se pode esperar que todos cidadãos razoáveis e racionais endossem".[87]

Rawls, como se vê, concebe uma proteção especial contra maiorias parlamentares de ocasião - inclusive mediante a possibilidade de acionamento da jurisdição constitucional para invalidação de decisões majoritárias - somente aos elementos constitucionais essenciais. Esses elementos "englobam apenas as liberdades básicas protegidas pelo primeiro princípio de justiça. Enquanto o primeiro princípio deve ser concretizado no nível constitucional, o segundo deve sê-lo apenas no plano legislativo".[88]

Releva observar, de todo modo, na linha do que já se afirmou, que os elementos constitucionais essenciais não são incompatíveis com todo e qualquer conteúdo econômico-social.

---

87. RAWLS, John. *O liberalismo político*. Tradução: Álvaro de Vita. São Paulo: Martins Fontes, 2001. p. 263 e 286-287.

88. SOUZA NETO, Cláudio Pereira de. *Teoria Constitucional e Democracia Deliberativa*. Rio de Janeiro: Renovar, 2006. p. 122.

Eles abrangem um "mínimo social que abarque as necessidades mínimas dos cidadãos". Contemplam, ainda, uma certa estrutura institucional, isto é, "os princípios fundamentais que especificam a estrutura geral do Estado e do processo político".[89]

Concluindo, conforme anota Souza Neto, a razão pública não tem como objetivo "apenas estruturar o processo democrático, mas também estabelecer princípios substantivos de acordo com os quais se pode aferir se o resultado de tal processo pode ser considerado justo". Diferentemente de um modelo procedimental, "o modelo substantivo de Rawls requer proteção também para as liberdades não políticas, para a igualdade de oportunidades e para a distribuição justa de recursos sociais".[90] Além disso, ela supõe um determinado aparato institucional.

2.3.3.2.4 O pensamento rawlsiano e as cláusulas pétreas

A esta altura, está clara a conexão do tema das cláusulas pétreas com o pensamento de Rawls, que admite que "uma declaração de direitos pode remover totalmente certas liberdades do alcance da regulação pela maioria". Em nome de uma "liberdade igual maior", e não de "benefícios socioeconômicos compensadores" (o que seria um cálculo utilitarista), a remoção de certos temas do alcance das deliberações majoritárias mitiga "defeitos do princípio da maioria".[91]

---

89. RAWLS, John. *O liberalismo político.* Tradução: Álvaro de Vita. São Paulo: Martins Fontes, 2001. p. 277-280.

90. SOUZA NETO, Cláudio Pereira de. *Teoria Constitucional e Democracia Deliberativa.* Rio de Janeiro: Renovar, 2006. p. 119.

91. RAWLS, John. *Uma teoria da justiça.* São Paulo: Martins Fontes, 2016. p. 282-283.

Em suma, segundo o modelo de Rawls, devem ser protegidos de maiorias aqueles elementos sem os quais "não há sentido em se fazer parte da comunidade política". Imunizam-se, assim, "não só as condições para funcionamento da democracia, como também outros direitos básicos, que resultam do reconhecimento da igual dignidade de todas as pessoas, além das instituições necessárias à salvaguarda e promoção desses conteúdos". Por outro lado, não devem as cláusulas pétreas "se estender à proteção de interesses corporativos, à garantia de privilégios dos grupos que prevaleceram na arena constituinte, ou ao entrincheiramento de posições ideológicas polêmicas que então se sagraram vencedoras".[92]

Essa posição projeta efeitos sobre o arranjo institucional do Estado. A propósito, o fornecimento de parâmetros para a construção de instituições político-sociais básicas é central na obra de Rawls. O objeto principal de sua proposta é "a estrutura básica da sociedade, a organização das principais instituições sociais em um esquema único de cooperação". Numa teoria da justiça, segundo o autor, devem ser definidos, em primeiro lugar, os princípios institucionais e, somente depois, os princípios para indivíduos e para nações. Isso porque os princípios institucionais são pressupostos das obrigações e dos demais princípios. Além disso, Rawls defende que o dever de justiça nos obriga a apoiar as "instituições justas existentes" e, quando for o caso, a "promover arranjos justos ainda não instituídos". Adiante, afirma que "certas formas institucionais estão implícitas na concepção

92. SARMENTO, Daniel; SOUZA NETO, Cláudio Pereira de. *Direito Constitucional: teoria, história e métodos de trabalho*. Belo Horizonte: Forum, 2013. p. 299.

de justiça". Observe-se que o conceito de instituição adotado é amplo: "um sistema público de normas que define cargos e funções com seus direitos e deveres, poderes e imunidades".[93] O perfil de instituições como o Poder Judiciário e o Ministério Público seguramente está contemplado por essa definição.

Em conclusão, a obra de Rawls é o mais exitoso trabalho da teoria política em oferecer justificativas para a existência de cláusulas pétreas e em indicar elementos que devem ser contemplados por elas. Ainda que não respondam a todos os problemas, os *princípios de justiça* e os *elementos essenciais* rawlsianos – dos quais se pode extrair um conteúdo para as cláusulas pétreas – não são valores transcendentes derivados da natureza, mas resultados de um procedimento conduzido pela razão humana. Assim, Rawls supera inconsistências importantes do Direito Natural, incompatível com uma sociedade pluralista e democrática. Por outro lado, sua construção não é meramente procedimental, na medida em que o procedimento é, na verdade, um meio de assegurar que seres humanos livres e iguais se associem sem se tornar instrumentos uns dos outros. Há, portanto, uma "ética substantiva" permeando sua teoria. O autor, desse modo, supera também fragilidades do utilitarismo e de outras teses relativistas.[94]

Cabe anotar, ainda, que o projeto de Rawls é informado pela ideia de continuidade. Seu modelo busca assegurar que um sistema equitativo de cooperação social seja mantido através do

93. RAWLS, John. *Uma teoria da justiça.* São Paulo: Martins Fontes, 2016. p. 65-66, 130-132, 138 e 326.

94. VIEIRA, Oscar Vilhena. *A constituição e sua reserva de justiça: um ensaio sobre os limites materiais ao poder de reforma.* São Paulo: Malheiros, 1999. p. 204 e 224.

tempo, de uma geração a outra.[95] Nessa medida, cláusulas pétreas devem atuar como "elementos estruturantes, que habilitam e favorecem os cidadãos a se constituírem em sociedade". Não devem ser "instrumento de bloqueio absoluto de mudanças, de proteção de privilégios ou do *status quo*", mas "elementos que viabilizam a evolução da sociedade democrática e a promoção das mudanças necessárias na esfera constitucional, sem colocar em risco a sobrevivência daquelas liberdades de autonomia e participação e os direitos referentes às condições essenciais para uma sobrevivência digna".[96] Em síntese, as cláusulas pétreas devem proteger aquilo que é essencial para a continuidade da jornada democrática.

Disso tudo, segundo a feliz síntese de Vilhena Vieira, deriva a necessidade de proteção superconstitucional dos seguintes aspectos: a) direitos que conferem autonomia privada a cada indivíduo, como liberdades de pensamento e de locomoção; b) instituição do Estado de Direito, apto a assegurar que as normas legais sejam gerais, públicas, prospectivas e aplicadas de forma congruente; c) direitos relacionados à igualdade e à dignidade dos cidadãos enquanto seres racionais e autônomos, como direitos políticos e liberdade de expressão; d) direitos sociais básicos, como alimentação, moradia, educação e saúde. Tais aspectos exigem um aparato institucional adequado, com instituições independentes aptas a bloquear violações aos direitos protegidos.[97] Algumas características dessas instituições, portanto, logicamente, também devem ter caráter pétreo.

95. OLIVEIRA, Nythamar de. *Rawls*. Rio de Janeiro: Jorge Zahar, 2003. p. 47.

96. VIEIRA, Oscar Vilhena. *A constituição e sua reserva de justiça: um ensaio sobre os limites materiais ao poder de reforma*. São Paulo: Malheiros, 1999. p. 225.

97. VIEIRA, Oscar Vilhena. *A constituição e sua reserva de justiça: um ensaio sobre os limites materiais ao poder de reforma*. São Paulo: Malheiros, 1999. p. 230-231.

3. A cláusula pétrea dos direitos e garantias individuais

Empreendida a necessária justificação sobre a legitimidade da previsão de cláusulas pétreas em um ordenamento que leva a sério os direitos fundamentais e o direito de cada geração se autogovernar, convém nos debruçarmos sobre controvérsias dogmáticas e metodológicas suscitadas pelas cláusulas efetivamente previstas no Direito positivo brasileiro, especialmente pela cláusula dos *direitos e garantias individuais.*

Seguramente, essa cláusula é a que mais desperta problemas e polêmicas. De início, é oportuno delinear algumas diretrizes gerais que devem informar a postura do Poder Judiciário no delicado exercício da função de invalidar emendas constitucionais por ofensas a ela. Após, devemos enfrentar outros problemas metodológicos e dogmáticos, como a possibilidade de imposição de restrições a direitos fundamentais, os limites dessas restrições, a abrangência da cláusula e sua relação com as noções alexyanas de *direitos a proteção* e *direitos a organização e procedimento.*

3.1 Ativismo e autocontenção

3.1.1 Considerações gerais

Já se mencionou aqui a hegemonia do modelo de controle de constitucionalidade que atribui ao Poder Judiciário, composto por membros não eleitos, a função de invalidar normas emanadas de poder escolhido pelo voto popular. Abordaram-se, também, algumas dificuldades e objeções que esse modelo suscita e que se tornam ainda mais sérias em casos de invalidação, pelo Poder Judiciário, de emendas constitucionais, normas cuja aprovação requer supermaiorias.[1]

O acolhimento sem ressalvas dessas objeções implicaria a rejeição de qualquer modelo de controle judicial de constitucionalidade, o que é incompatível com o ordenamento jurídico brasileiro. Paradoxalmente, portanto, a procedência total das críticas somente seria possível por meio de uma postura de ativismo extremo que reconhecesse como inconstitucional o próprio instituto do controle de constitucionalidade. Não é difícil identificar um problema lógico insanável nisso.

No Brasil, além disso, é inegável que temos uma Constituição ambiciosa, muito associada ao que veio a ser conhecido como *neoconstitucionalismo*, movimento plural que envolve diversos fenômenos entre si relacionados, tais como uma força normativa maior da Constituição, sua onipresença nas relações jurídicas e um incremento das atribuições do Poder Judiciário. O neoconstitucionalismo tem, portanto, um acentuado *caráter*

1. Remete-se o leitor para o ponto 2.2.

judicialista.[2] Espera-se que o Poder Judiciário já não seja a mera *boca da lei*, mas sim um agente engajado na realização do projeto constitucional, o que pode exigir alguma atividade criativa.

Por outro lado, não se pode simplesmente desconsiderar todas as dificuldades que esse novo arranjo envolve. Nessa medida, com o fim de evitar riscos de arbítrio, de decisionismo e de que a democracia constitucional se torne uma aristocracia judicial, é imperativa a adoção de certos parâmetros e limites para aquilo que se convencionou chamar de ativismo judicial. Sem isso, o controle de constitucionalidade de emendas ficaria situado numa esfera de discricionariedade dos magistrados incompatível com a ideia de governo das leis.[3]

Vilhena Vieira anota que, basicamente, duas podem ser as posturas institucionais do Poder Judiciário na determinação do conteúdo das normas constitucionais: *deferência* e *responsividade*. A cada uma dessas posturas corresponde uma forma de comportamento degenerado: *omissão* e *usurpação*.

A deferência consiste numa postura de alto grau de respeito às decisões tomadas pelo Legislativo e pelo constituinte derivado no desempenho de suas funções. Trata-se de uma postura institucional fundada em posições, como a de Waldron e mesmo a de Ackerman, que prestigiam a democracia majoritária e a separação de poderes. Num sistema jurídico dotado de Constituição rígida e de controle judicial de constitucionalidade, como é o

---

2. PRIETO SANCHÍS, Luis. *Neoconstitucionalismo y ponderación judicial*. In: CARBONELL, Miguel. *Neoconstitucionalismo(s)*. Madrid: Editoral Trotta, 2013. p. 12 e 131-132.

3. VIEIRA, Oscar Vilhena. *A constituição e sua reserva de justiça: um ensaio sobre os limites materiais ao poder de reforma*. São Paulo: Malheiros, 1999. p. 140.

caso do brasileiro, não se pode falar em deferência em sentido absoluto. Nessa hipótese, haveria omissão, e não deferência.[4]

A propósito, há casos em que, paradoxalmente, o excesso de deferência, isto é, a omissão, pode se convolar em ativismo contra a Constituição. É o que ocorreu, por exemplo, como bem lembrado por Brandão, em *American Communications Association v. Douds*. Nesse caso, a Suprema Corte norte-americana considerou constitucionais normas que impunham a integrantes de sindicatos o dever de declararem ser ou não membros ou simpatizantes do Partido Comunista. Por deferência ao Legislativo, portanto, chancelou normas flagrantemente ofensivas a direitos fundamentais.[5]

Por sua vez, a responsividade está associada à ideia de que o Judiciário, com fundamento no desenho institucional feito pelo próprio constituinte, deve se envolver ativamente para a maior efetivação possível da Constituição e, em especial, dos direitos fundamentais. Observe-se que responsividade não se confunde com usurpação, postura degenerada em que o Judiciário, sem base jurídica, avança sobre atribuições de outros poderes.[6]

Tanto a deferência quanto a responsividade são posturas judiciais legítimas, e uma ou outra não está necessariamente

---

4. VIEIRA, Oscar Vilhena. *A batalha dos poderes: da transição democrática ao mal-estar constitucional.* São Paulo: Companhia das Letras, 2018. p. 174-175.
5. BRANDÃO, Rodrigo. *Direitos fundamentais, democracia e cláusulas pétreas.* Rio de Janeiro: Renovar, 2008. p. 260-263; DUDZIAK, Mary L. *American Communications Association v. Douds*. In: HALL, Kermit L; ELY JR., James W. *The Oxford Guide to United States Supreme Court Decisions*. New York: Oxford University Press, 2009. p. 11.
6. VIEIRA, Oscar Vilhena. *A batalha dos poderes: da transição democrática ao mal-estar constitucional.* São Paulo: Companhia das Letras, 2018. p. 175-176.

atrelada a uma corrente política específica. Sarmento e Souza Neto bem salientam que a proveniência ideológica das críticas ao ativismo judicial costuma oscilar de acordo com as inclinações dos tribunais, o que é facilmente perceptível na história dos Estados Unidos. No início do século passado, quando a Suprema Corte adotava posições conservadoras, refratárias à intervenção do Estado no domínio econômico[7], a crítica ao ativismo judicial partia da esquerda. Quando, porém, na segunda metade do século, o ativismo da Corte voltou-se para a defesa de grupos vulneráveis[8], a crítica ganhou adeptos na direita, notadamente entre os chamados originalistas, como Robert Bork e Antonin Scalia. Finalmente, quando, mais recentemente, o tribunal voltou a esboçar posições conservadoras, a crítica ao ativismo passou a ser novamente protagonizada por juristas de orientação progressista, como Larry Kramer e Mark Tushnet.[9] Essa breve retrospectiva não visa lançar dúvidas sobre a honestidade intelectual desses críticos. Busca-se apenas demonstrar que a opção por uma postura mais ou menos ativista é questão complexa que não se resolve facilmente por meio de categorias

---

7. Como já se viu, o julgado paradigmático desse período foi *Lochner v. New York*, de 1905, cuja história pode ser encontrada em: KENS, Paul. *Lochner vs. New York*. In: HALL, Kermit L; ELY JR., James W. *The Oxford Guide to United States Supreme Court Decisions*. New York: Oxford University Press, 2009. p. 189-192.
8. O marco da guinada da Suprema Corte foi o notável caso *Brown v. Board of Education*, de 1954, cuja descrição pode ser vista em: HUTCHINSON, Dennis J. *Brown v. Board of Education*. In: In: HALL, Kermit L; ELY JR., James W. *The Oxford Guide to United States Supreme Court Decisions*. New York: Oxford University Press, 2009. p. 38-41.
9. SARMENTO, Daniel; SOUZA NETO, Cláudio Pereira de. *Direito Constitucional: teoria, história e métodos de trabalho*. Belo Horizonte: Forum, 2013. p. 33-34.

políticas tradicionais e que pode estar sujeita a conveniências conjunturais.

Em suma, a escolha por uma postura de mais responsividade ou deferência deve decorrer, fundamentalmente, do desenho institucional feito pela soberania popular. No Brasil, assim como no mundo pós-guerra em geral, esse desenho fortaleceu o Poder Judiciário e atribuiu-lhe funções contramajoritárias e de proteção de direitos fundamentais, as quais, no entanto, devem ser exercidas sem usurpar funções de outros poderes e em consonância com valores democráticos e com a ideia de governo da maioria.

Nesse quadro, a proposta é que o ativismo, inevitável e reclamado pela própria Constituição em nosso ordenamento jurídico, seja exercido observando vários parâmetros limitadores. A seguir, sem a ambição de esgotar o tema ou de apresentar um rol taxativo, são delineados alguns desses parâmetros.

3.1.2 Alguns parâmetros para o ativismo

O primeiro parâmetro dialoga com o pensamento de Rawls: o Poder Judiciário deve atuar em uma área de *neutralidade política*[10], isto é, conduzido pela ideia de razão pública. A atividade jurisdicional, em especial quando invalida decisões majoritárias e supermajoritárias, não pode se fundamentar na moralidade particular ou em convicções religiosas. Ao decidirem, magistrados devem "apelar para os valores políticos que julgam fazer parte do entendimento mais razoável da concepção

---

10. BRANDÃO, Rodrigo. *Direitos fundamentais, democracia e cláusulas pétreas.* Rio de Janeiro: Renovar, 2008. p. 212.

pública". Trata-se de "valores nos quais acreditam de boa-fé" e, como já se afirmou em momento anterior, "que se pode esperar que todos os cidadãos razoáveis e racionais endossem".[11]

O segundo parâmetro consiste em calibrar a deferência judicial de acordo com o *grau de legitimidade democrática* do ato normativo cuja constitucionalidade é questionada. Quanto mais democrática tenha sido a elaboração do ato normativo, maior deve ser a autocontenção do Poder Judiciário no controle da sua constitucionalidade. Assim, a deferência a normas aprovadas por emenda constitucional, plebiscito ou lei de iniciativa popular seguramente deve ser maior do que quando se ataca uma lei ordinária, por exemplo. Convém também levar em conta os níveis de consenso e de engajamento cívico alcançados durante o processo legislativo ou de reforma constitucional. O ônus de invalidar uma norma decorrente de grande mobilização social e apoiada por ampla maioria do parlamento ou do constituinte derivado deve ser maior do que quando a norma impugnada foi pouco debatida e aprovada por escassa maioria.[12]

O terceiro parâmetro impõe aos magistrados que atuem com extremo *rigor metodológico*. Ao tempo em que conferiu ao Poder Judiciário novas e relevantes funções e assumiu uma predileção cada vez maior por normas abertas veiculadas na forma de princípios no lugar de regras, o neoconstitucionalismo reclama que os juízes fundamentem de modo consistente

11. RAWLS, John. *O liberalismo político*. Tradução: Álvaro de Vita. São Paulo: Martins Fontes, 2001. p. 287.

12. SARMENTO, Daniel; SOUZA NETO, Cláudio Pereira de. *Direito Constitucional: teoria, história e métodos de trabalho*. Belo Horizonte: Forum, 2013. p. 460-461.

suas decisões. Muitas teorias argumentativas têm sido elaboradas com esse propósito. Tem se assistido, também, a um desenvolvimento intenso da ponderação e do postulado da proporcionalidade, os quais podem ser de grande valor na resolução de casos difíceis do Direito, em especial daqueles que envolvem direitos fundamentais. O fato, porém, é que não se pode exigir da argumentação judicial a adesão a uma dessas teorias ou instrumentos em específico. Não existe uma teoria ou instrumento universalmente correto. Por outro lado, é preciso, sim, impor que a argumentação se desenvolva de forma racional, lógica e coerente, de modo que seja intersubjetivamente controlável, sob pena de decisionismo e arbítrio. Aqui, é saudável que o neconstitucionalismo, sem abdicar dos seus propósitos emancipatórios, se abra a críticas que vêm sendo lançadas contra a *carnavalização da Constituição*[13] e a *anarquia metodológica*[14] que ele pode estimular. No Direito brasileiro, vale destacar a contribuição de Humberto Ávila, que vem afirmando que determinadas mudanças preconizadas pelo neoconstitucionalismo – como a prevalência dos princípios sobre as regras, a prioridade da ponderação sobre a subsunção e a prevalência do Judiciário sobre os demais poderes – não encontram suporte no Direito positivo. Nessa medida, o neoconstitucionalismo esbarraria numa contradição invencível, que consiste em defender a su-

---

13. SARMENTO, Daniel. *Ubiqüidade constitucional: os dois lados da moeda*. In: SARMENTO, Daniel. *Livres e iguais: estudos de direito constitucional*. Rio de Janeiro: Lumen Juris, 2006. p. 198-204.
14. SARMENTO, Daniel; SOUZA NETO, Cláudio Pereira de. *Direito Constitucional: teoria, história e métodos de trabalho*. Belo Horizonte: Forum, 2013. p. 206.

premacia da Constituição violando-a.[15] Em resposta à crítica, podemos reiterar que o movimento neoconstitucionalista é plural e, também, que não necessariamente tem os traços apontados por Ávila. Sua reflexão, de qualquer modo, é instigante em tempos de certa euforia judicialista e principiológica.

O quarto parâmetro regulador do ativismo diz respeito à necessidade de o Poder Judiciário considerar as *capacidades institucionais* do agente que editou o ato impugnado. As capacidades institucionais consistem nas "habilidades e limitações de cada instituição para o exercício de suas funções em um cenário específico".[16] A operacionalização desse parâmetro não é simples. Além disso, por conta da regra da inafastabilidade da jurisdição, prevista expressamente no art. 5º, XXXV, da Constituição Federal, o Poder Judiciário não pode simplesmente deixar de examinar uma questão sob o fundamento de que carece de *expertise* para tanto. O parâmetro recomenda, de todo modo, que o Poder Judiciário selecione métodos de decisão e calibre seu ativismo levando em conta a natureza da matéria apreciada e a competência técnica dos agentes envolvidos. Principalmente em controvérsias cuja resolução depende de conhecimento científico e de outros campos do saber, bem como em temas em que medidas judiciais têm aptidão de produzir impactos sociais e econômicos de grande escala, convém que juízes adotem uma postura de especial deferência a outras instituições melhor

15. ÁVILA, Humberto. *"Neoconstitucionalismo": entre a "Ciência do Direito" e o "Direito da Ciência". Revista Eletrônica de Direito do Estado (REDE)*, Salvador, Instituto Brasileiro de Direito Público, n. 17, janeiro/fevereiro/março de 2009.

16. ARGUELHES, Diego Werneck; LEAL, Fernando. *O argumento das "capacidades institucionais" entre a banalidade, a redundância e o absurdo. Direito, Estado e Sociedade*, n. 38, 2011. p. 40.

talhadas para a tomada dessas decisões.[17] O Supremo Tribunal Federal tem se valido, explicita ou implicitamente, desse parâmetro em alguns de seus julgados. Pertence, por exemplo, já chegou a assinalar que, "quando a Constituição cria uma instituição e lhe atribui determinado poder ou função política, a presunção é que o faça em caráter privativo, de modo a excluir a ingerência na matéria de outros órgãos do Estado".[18] Fux, por sua vez, mencionou a noção de capacidades institucionais para afastar a possibilidade de o Poder Judiciário obrigar o Presidente da República a entregar cidadão extraditado a Estado estrangeiro: "O Poder Judiciário não foi projetado pela Carta Constitucional para adotar decisões políticas na esfera internacional, competindo esse mister ao Presidente da República, eleito democraticamente e com legitimidade para defender os interesses do Estado no exterior; aplicável, *in casu*, a noção de capacidades institucionais".[19]

Um quinto parâmetro estabelece que a intensidade do ativismo deve corresponder à *carga axiológica* do direito cuja tutela é buscada em juízo. Assim, admite-se uma atuação mais forte do Judiciário quando, por exemplo, se busca proteger direitos e institutos relacionados ao funcionamento da democracia, como os direitos políticos e a liberdade de expressão. Nessa hipótese, o ativismo opera a favor, e não contra, a própria democracia.

17. SARMENTO, Daniel; SOUZA NETO, Cláudio Pereira de. *Direito Constitucional: teoria, história e métodos de trabalho*. Belo Horizonte: Forum, 2013. p. 432-435.

18. BRASIL. Supremo Tribunal Federal. Recurso Extraordinário 135.238. Relator: Ministro Paulo Brossard. Brasília, 20/04/2001.

19. BRASIL. Supremo Tribunal Federal. Extradição 1.085. Requerente: República Italiana. Relator: Ministro Luiz Fux. Brasília, 16/12/2009.

O mesmo pode ser dito no que toca à proteção de direitos de grupos vulneráveis, como indígenas, negros e homossexuais, muitas vezes alijados do processo político majoritário. É no Judiciário, em razão da sua feição contramajoritária, que esses grupos podem encontrar amparo contra abusos praticados por maiorias, o que reclama um ativismo mais vigoroso. Por fim, outros direitos fundamentais não relacionados diretamente à proteção da democracia ou de minorias podem demandar uma postura ativista.[20] Aqui se ingressa numa certa zona de penumbra, uma vez que não é possível extrair claramente do Direito positivo quais direitos fundamentais são mais relevantes. Nessa medida, uma diretriz interessante pode ser a noção rawlsiana de elementos constitucionais essenciais, os quais englobam os direitos associados à seguinte máxima: "cada pessoa deve ter um direito igual ao mais amplo sistema total de liberdades básicas iguais que seja compatível com um sistema de liberdades para todos".[21] Observe-se que, segundo os escritos mais recentes de Rawls, "um mínimo social que satisfaça as necessidades básicas de todos os cidadãos"[22] está albergado pelo conceito de elemento constitucional essencial.

Finalmente, um sexto parâmetro para o ativismo reside na ideia de que os direitos fundamentais têm um *núcleo essencial* imune a intervenções. Novamente, a operacionalização do parâmetro pode não ser fácil, na medida em que nem sempre

---

20. SARMENTO, Daniel; SOUZA NETO, Cláudio Pereira de. *Direito Constitucional: teoria, história e métodos de trabalho*. Belo Horizonte: Forum, 2013. p. 461-462.
21. RAWLS, John. *Uma teoria da justiça*. São Paulo: Martins Fontes, 2016. p. 376.
22. RAWLS, John. *O liberalismo político*. Tradução: Álvaro de Vita. São Paulo: Martins Fontes, 2001. p. 279.

é simples saber a partir de que ponto uma restrição invade o núcleo inexpugnável de um direito. Há sérias controvérsias doutrinárias nesse particular.[23] Teorias absolutas sustentam que o núcleo inexpugnável de um direito fundamental pode ser definido prévia e independentemente de qualquer ponderação. Teorias relativas, por sua vez, compreendem que a identificação desse núcleo somente é possível por meio de uma colisão concreta e da consideração de diversas variáveis. Seja qual for a posição adotada, o certo é que ambas convergem para a proteção da "parcela do conteúdo de um direito sem a qual ele perde a sua mínima eficácia".[24] Dito de outro modo, embora restrições a direitos fundamentais sejam inevitáveis, em especial quando eles colidem entre si, as soluções buscadas devem preservar os núcleos dos direitos envolvidos. Não se pode, a pretexto de promover um determinado direito fundamental, amesquinhar outro direito fundamental a ponto de aniquilá-lo.

3.2 Possibilidade de restrição a direitos fundamentais

Na seção anterior, foram explorados alguns parâmetros gerais que devem orientar a postura do Poder Judiciário no exercício do controle de constitucionalidade, especialmente na delicada função de invalidar emendas constitucionais por ofensas à cláusula pétrea dos direitos e garantias individuais.

---

23. BRANDÃO, Rodrigo. *Direitos fundamentais, democracia e cláusulas pétreas.* Rio de Janeiro: Renovar, 2008. p. 275-284.

24. SARLET, Ingo Wolfgang; MARINONI, Luiz Guilherme; MITIDIERO, Daniel. *Curso de direito constitucional.* São Paulo: Saraiva Educação, 2019. 8. ed. p. 406-407.

Tudo isso pressupõe que emendas constitucionais, como qualquer norma jurídica, podem, sim, restringir direitos fundamentais. O assunto, todavia, não é exatamente consensual. Ele tem como pano de fundo o embate entre as chamadas teorias *interna* e *externa* dos direitos fundamentais.

Como lembra Virgílio Afonso da Silva, essa controvérsia, na verdade, tem origem não na dogmática dos direitos fundamentais, mas no direito civil, havendo suscitado intensos debates sobretudo na França, entre Planiol e Ripert, de um lado, e Josserand, de outro.[25]

Para a teoria interna, o processo de definição dos limites de cada direito é interior a ele. Segundo ela, existe apenas um objeto - o direito com seus limites. A fixação do conteúdo e da extensão de cada direito não depende de fatores externos e de colisões com outros direitos. Nessa medida, em termos de estrutura normativa, direitos teriam sempre a estrutura de regras;[26] por consequência, não seriam compatíveis com um processo de ponderação e com o uso de instrumentos metodológicos como a proporcionalidade para a solução de controvérsias.

Ao não admitir restrições externas, a teoria interna precisa recorrer a mecanismos que, a partir de dentro, estabeleçam os contornos do direito. Entre esses mecanismos, têm destaque os chamados *limites imanentes*, "fronteiras implícitas, de natureza apriorística, que não se deixam confundir com autênticas

25. SILVA, Virgílio Afonso da. *Direitos fundamentais: conteúdo essencial, restrições e eficácia*. São Paulo: Malheiros, 2009. p. 127.

26. SILVA, Virgílio Afonso da. *Direitos fundamentais: conteúdo essencial, restrições e eficácia*. São Paulo: Malheiros, 2009. p. 128-129.

restrições".[27] Segundo Virgílio Afonso da Silva, enquanto no caso de colisão de direitos a interpretação *constitui* novas restrições, na hipótese dos limites imanentes a interpretação apenas *declara* limites previamente existentes.[28]

No plano da discussão sobre cláusulas pétreas, a adesão à teoria interna implica a inviabilidade de uma emenda constitucional estabelecer qualquer restrição a elas. Admitir restrições a essas cláusulas seria, nas palavras de Rodrigo Brandão, "a confissão da sua inocuidade".[29]

A teoria externa, por seu turno, diversamente da interna, considera a existência de dois objetos distintos - o direito em si e, separadas dele, as suas restrições. Essa diferença tem importantes consequências. Virgílio Afonso da Silva bem observa que "boa parte daquilo que doutrina e jurisprudência muitas vezes tomam como dado é, na verdade, produto dessa simples divisão teórica entre o direito em si e suas restrições".[30] É a partir dessa distinção que se pode admitir que direitos são formulados também na forma de princípios, e não apenas como regras, e que se pode chegar à ponderação e à proporcionalidade como forma de solução de conflitos.

Em termos muito esquemáticos, a teoria externa sustenta que cada direito, especialmente quando formulado na forma

---

27. SARLET, Ingo Wolfgang; MARINONI, Luiz Guilherme; MITIDIERO, Daniel. *Curso de direito constitucional.* São Paulo: Saraiva Educação, 2019. 8. ed. p. 391.

28. SILVA, Virgílio Afonso da. *Direitos fundamentais: conteúdo essencial, restrições e eficácia.* São Paulo: Malheiros, 2009. p. 130-132.

29. BRANDÃO, Rodrigo. *Direitos fundamentais, democracia e cláusulas pétreas.* Rio de Janeiro: Renovar, 2008. p. 244.

30. SILVA, Virgílio Afonso da. *Direitos fundamentais: conteúdo essencial, restrições e eficácia.* São Paulo: Malheiros, 2009. p. 138.

de um princípio, tem uma versão *prima facie* que, num caso concreto, pode colidir com outros direitos e, assim, está sujeita a restrições. Essas restrições devem ser calibradas por meio de um juízo de ponderação, no qual se pode usar a proporcionalidade como instrumento metodológico. Apenas após esse processo chega-se à posição definitiva do direito.

Várias razões levam à adoção da teoria externa. Não se trata, certamente, de teoria imune a qualquer questionamento. Não se pode desprezar, por exemplo, a preocupação de que o reconhecimento de colisões de direitos onde elas não existem tende a gerar uma inflação ponderativa e sujeitar ao decisionismo judicial questões cuja resolução deveria caber aos poderes eleitos. Mas esse tipo de problema pode ser solucionado por meio de mais rigor metodológico, e não por uma construção teórica que parte da premissa de que restrições a direitos simplesmente não existem.

Enfim, a teoria interna, em primeiro lugar, ao se incompatibilizar com a existência de princípios, carece de base empírica idônea. Gostemos ou não, a Constituição é repleta de direitos fundamentais formulados na forma de princípios, e não somente na forma de regras. Embora a distinção entre essas espécies normativas possa nem sempre ser precisa, é certo que - aqui seguindo a classificação alexyana - muitos direitos fundamentais não são extraídos de normas que são sempre ou satisfeitas ou não satisfeitas, mas de normas que ordenam "que algo seja realizado na maior medida possível dentro das possibilidades jurídicas e fáticas existentes".[31]

31. ALEXY, Robert. *Teoria dos direitos fundamentais*. Tradução: Virgílio Afonso da Silva. São Paulo: Malheiros, 2008. p. 90-91.

Em segundo lugar, ao recusar a ponderação, a teoria interna propõe fórmulas ainda mais imprecisas para a solução de controvérsias envolvendo direitos fundamentais. Ainda que a ponderação e seu instrumento metodológico principal, a proporcionalidade, necessitem de refinamento na prática judicial, trata-se de fórmula muito menos vaga do que a delimitação de limites imanentes, que escapa de qualquer controle intersubjetivo. A pretexto de combater o decisionismo, a teoria interna acaba, pois, promovendo mais decisionismo.[32]

Em suma, todo direito fundamental é restringível.[33] Emendas constitucionais, portanto, podem, sim, impor restrições a direitos fundamentais. A questão que agora se coloca é estabelecer os limites dessas restrições, isto é, quais são os *limites dos limites* aos direitos fundamentais, segundo a clássica expressão de Karl August Betterman.[34]

3.3 Limites dos limites e núcleo essencial

Não existe um catálogo doutrinário único de *limites dos limites* dos direitos fundamentais. Betterman, na conferência em que cunhou a expressão, em 1964, sustentou que as restrições aos direitos fundamentais devem observar a dignidade humana, a promoção do bem comum e a proteção do núcleo

---

32. BRANDÃO, Rodrigo. *Direitos fundamentais, democracia e cláusulas pétreas.* Rio de Janeiro: Renovar, 2008. p. 251-252.

33. SILVA, Virgílio Afonso da. *Direitos fundamentais: conteúdo essencial, restrições e eficácia.* São Paulo: Malheiros, 2009. p. 253.

34. BRANDÃO, Rodrigo. *Direitos fundamentais, democracia e cláusulas pétreas.* Rio de Janeiro: Renovar, 2008. p. 251-252.

essencial do direito restringido.[35] Entre nós, Gilmar Mendes aponta como limites a clareza, a determinação, a generalidade, a proporcionalidade e o respeito ao núcleo essencial.[36]

O fato é que, seja qual for o catálogo adotado, há um certo consenso na centralidade atribuída à ideia de proteção do *núcleo essencial* dos direitos fundamentais. Embora o tema já tenha sido abordado em outro momento[37], é necessário retomá-lo de modo mais aprofundado.

3.3.1 Núcleo essencial e vedação de emenda tendente a abolir direito

Como observa Virgílio Afonso da Silva, autor da mais importante obra brasileira sobre o assunto, a identificação do núcleo (ou conteúdo) essencial de um direito fundamental é fenômeno complexo, que envolve vários problemas inter-relacionados. Tais problemas consistem, em síntese, na análise do que é protegido pelas normas de direitos fundamentais, na relação entre o que é protegido e suas possíveis restrições e, finalmente, na fundamentação tanto do que é protegido quanto de suas restrições.[38]

Naturalmente, existem diversos planos de análise da questão. Num primeiro plano, a definição do núcleo essencial é buscada a partir dos enfoques *objetivo* e *subjetivo*. De acordo

35. PEREIRA, Jane Reis Gonçalves. *Interpretação constitucional e direitos fundamentais*. São Paulo: Saraiva, 2018. 2. ed. p. 340.

36. MENDES, Gilmar Ferreira; GONET BRANCO, Paulo Gustavo. *Curso de Direito Constitucional*. São Paulo: Saraiva, 2012. 7. ed. p. 312.

37. Remete-se o leitor para o capítulo 3.1.2.

38. SILVA, Virgílio Afonso da. *Direitos fundamentais: conteúdo essencial, restrições e eficácia*. São Paulo: Malheiros, 2009. p. 183.

com o enfoque objetivo, "o conteúdo essencial de um direito fundamental deve ser definido com base no significado desse direito para a vida social como um todo", o que "implica proibir restrições à eficácia desse direito que o tornem sem significado para todos os indivíduos ou para boa parte deles". Esse enfoque, como se vê, preconiza a proteção dos direitos enquanto instituições objetivas, e não como situações subjetivas reais, as quais acabam numa posição vulnerável.

Por sua vez, o enfoque subjetivo sustenta que o núcleo essencial de um direito fundamental deve salvaguardar posições jusfundamentais concretas e individuais, e não a previsão do direito como instituição jurídica.[39]

Os enfoques, na verdade, são complementares. A identificação do núcleo essencial do direito deve considerar tanto aspectos objetivos, abstratos e gerais quanto subjetivos, concretos e individuais. De todo modo, é difícil extrair de qualquer um desses enfoques ou da combinação deles uma resposta satisfatória sobre o ponto preciso em que uma restrição importa invasão do núcleo essencial de um direito.

Num outro plano de análise, a identificação do núcleo essencial é feita a partir dos enfoques *relativo* e *absoluto*. Segundo a teoria relativa, não é possível determinar aprioristicamente o núcleo essencial de um direito fundamental, o que depende de um processo ponderativo informado pela proporcionalidade em cada caso concreto. O núcleo essencial é o que resulta desse processo de ponderação, podendo, inclusive, ser reduzido a

39. SILVA, Virgílio Afonso da. *Direitos fundamentais: conteúdo essencial, restrições e eficácia*. São Paulo: Malheiros, 2009. p. 185-186.

nada. A garantia do núcleo essencial, portanto, coincidiria com o próprio postulado da proporcionalidade.[40] Essa é a posição de Robert Alexy[41], Jane Reis Gonçalves Pereira[42] e Virgílio Afonso da Silva[43].

A teoria absoluta, de sua parte, compreende o núcleo essencial como um conteúdo fixo independente de ponderação, um último reduto de proteção absolutamente insuperável. A teoria comporta variações. Uma das mais importantes concebe uma dupla barreira às restrições de direitos fundamentais. A primeira barreira consiste na proporcionalidade. Superada ela, então, depara-se com a segunda barreira, que configura um âmbito de proteção incondicionado, incompatível com qualquer restrição. Essa é a posição de Humberto Ávila[44] e Rodrigo Brandão.[45] Aparentemente, também é o entendimento com que o Supremo Tribunal Federal e o Tribunal Constitucional Federal Alemão flertam de modo mais explícito. No *caso Ellwanger*, por exemplo, Celso de Mello afirmou a necessidade de que "a utilização do método da ponderação de bens e interesses não importe em esvaziamento do conteúdo essencial dos direitos

40. BRANDÃO, Rodrigo. *Direitos fundamentais, democracia e cláusulas pétreas.* Rio de Janeiro: Renovar, 2008. p. 278.

41. ALEXY, Robert. *Teoria dos direitos fundamentais.* Tradução: Virgílio Afonso da Silva. São Paulo: Malheiros, 2008. p. 301.

42. PEREIRA, Jane Reis Gonçalves. *Interpretação constitucional e direitos fundamentais.* São Paulo: Saraiva, 2018. 2. ed. p. 411-418.

43. SILVA, Virgílio Afonso da. *Direitos fundamentais: conteúdo essencial, restrições e eficácia.* São Paulo: Malheiros, 2009. p. 206.

44. ÁVILA, Humberto Bergmann. *Teoria dos princípios – Da definição à aplicação dos princípios jurídicos.* São Paulo: Malheiros, 2004. 2. ed. p. 97-101.

45. BRANDÃO, Rodrigo. *Direitos fundamentais, democracia e cláusulas pétreas.* Rio de Janeiro: Renovar, 2008. p. 279-284.

fundamentais".[46] Alexy refere alguns trechos de decisões da Corte alemã, que fala em "limite extremo", em uma "última área intocável", em um "limite absoluto, cuja superação violaria o conteúdo essencial do direito fundamental".[47]

Ambas as posições, absoluta e relativa, sofrem sérios questionamentos. A principal crítica ao enfoque absoluto consiste no fato de ele não apresentar instrumentos metodológicos aptos a identificar com precisão o núcleo essencial dos direitos, o que estimula o decisionismo. A teoria relativa, por sua vez, é criticada sobretudo por confundir proporcionalidade e núcleo essencial, retirando dele qualquer função autônoma e possibilitando que um direito, desde que respeitada a proporcionalidade, seja completamente esvaziado.[48]

Entende-se, neste trabalho, que o enfoque absoluto é o mais adequado. Não se contesta que é necessário refiná-lo metodologicamente, de modo a diminuir a margem de decisionismo do processo de delimitação do núcleo essencial. Tampouco se pode negar a inviabilidade de delimitar aprioristicamente o conteúdo essencial de todo e qualquer direito com abstração das particularidades dos casos concretos. Por outro lado, a possibilidade, cogitada pela teoria relativa, de que um direito seja reduzido a nada importa em afirmar que, na verdade, não existe núcleo essencial, o que configura um problema insuperável.

---

46. BRASIL. Supremo Tribunal Federal. Habeas Corpus 82.424. Relator: Ministro Maurício Corrêa. Brasília, 17/09/2003.
47. ALEXY, Robert. *Teoria dos direitos fundamentais*. Tradução: Virgílio Afonso da Silva. São Paulo: Malheiros, 2008. p. 301.
48. BRANDÃO, Rodrigo. *Direitos fundamentais, democracia e cláusulas pétreas*. Rio de Janeiro: Renovar, 2008. p. 279-280.

Gonçalves Pereira sustenta que esse problema é menor no Brasil em comparação com outros países cujas Constituições, diversamente da nossa, adotaram de forma expressa a garantia da proteção do núcleo essencial.[49] Virgílio Afonso da Silva, de sua parte, afirma que qualquer eventual dispositivo constitucional associado ao tema do núcleo essencial tem valor meramente declaratório, na medida em que sua proteção independe de previsão expressa e já decorre da ideia de proporcionalidade.[50]

Não é exatamente assim, porém, que compreendemos a questão, pelo menos no plano do debate sobre cláusulas pétreas e suas restrições.

Ainda que, diferentemente de países como Alemanha, Espanha e Portugal, a proteção do núcleo essencial dos direitos fundamentais não tenha sido prevista de modo explícito pela Constituição brasileira, outra não é a função do enunciado, inscrito no art. 60, § 4º, que proíbe *emenda tendente a abolir* determinados direitos e institutos. Dessa forma, quando menos em tema de cláusulas pétreas, o texto constitucional criou uma salvaguarda que faz as vezes da ideia de núcleo essencial. É oportuno observar que, no processo constituinte, chegou a ser cogitada uma redação diferente para o enunciado. O anteprojeto aprovado pela Subcomissão de Garantia da Constituição, Reformas e Emendas propunha a vedação unicamente de *reforme que revogue* os direitos e institutos pétreos.[51] Esse texto alterna-

---

49. PEREIRA, Jane Reis Gonçalves. *Interpretação constitucional e direitos fundamentais*. São Paulo: Saraiva, 2018. 2. ed. p. 413-414.

50. SILVA, Virgílio Afonso da. *Direitos fundamentais: conteúdo essencial, restrições e eficácia*. São Paulo: Malheiros, 2009. p. 202-203.

51. A Assembleia Nacional Constituinte que elaborou a Constituição brasileira promulgada em 1988 foi dividida em 25 subcomissões e oito comissões. A di-

tivo teria imensas implicações na forma de interpretação das cláusulas pétreas, na medida em que seriam proibidas somente emendas *efetivamente* revogadoras, e não as emendas que são revogadoras apenas *tendencialmente*. A redação final aprovada, seguindo a tradição inaugurada pela primeira Constituição republicana, de 1891[52], estabeleceu uma barreira adicional de proteção. Essa barreira, no caso da cláusula dos *direitos e garan-*

visão de temas, no entanto, nem sempre foi precisa, de modo que subcomissões e comissões diferentes muitas vezes discutiram o mesmo assunto. O tema das cláusulas pétreas foi discutido pela Subcomissão do Poder Legislativo e pela Subcomissão de Garantia da Constituição, Reforma e Emendas. O anteprojeto aprovado pela primeira usou a fórmula *tendente a abolir*. Já o anteprojeto da segunda propunha redação vedando apenas *emenda que revogue* as cláusulas. Na fase seguinte, tanto a Comissão da Organização dos Poderes e Sistema de Governo quanto a Comissão da Organização Eleitoral, Partidária e Garantia das Instituições adotaram a expressão *tendente a abolir*. Nelson Jobim relata a forma improvisada como essas subcomissões e comissões foram construídas em: JOBIM, Nelson Azevedo. *A constituinte vista por dentro – vicissitudes, superação e efetividade de uma história real*. In: LEITE SAMPAIO, José Adércio (coord.). *15 anos de Constituição*. Belo Horizonte: Del Rey, 2004. p. 11-12. Quanto às propostas de redação de dispositivos constitucionais sobre cláusulas pétreas, é possível checá-las em: BRASIL. Congresso. Câmara dos Deputados. Centro de Documentação e Informação. *Quadro histórico artigo 60 da Constituição Federal de 1988*. Disponível em: http://bd.camara.leg.br/bd/handle/bdcamara/38101. p. 08-16.

52. Embora a fórmula *tendente a abolir* tenha sido adotada, pela primeira vez, na Constituição de 1891, ela já constava na Constituição provisória instituída no ano anterior por decreto. Esse projeto foi redigido por Ruy Barbosa, que tomou como base anteprojeto elaborado por uma comissão de juristas nomeada pelo governo, composta por Américo Brasiliense, Magalhães de Castro, Rangel Pestana, Saldanha Marinho e Santos Werneck. Nos anteprojetos de autoria desses juristas, no entanto, não se encontra menção à expressão *tendente a abolir*. É possível inferir, assim, ainda que sem confirmação cabal, que Ruy Barbosa foi o mentor da fórmula. Essa conclusão é produto da checagem dos diversos textos constitucionais e do cruzamento de informações históricas extraídas de: GOMES RIBEIRO, João Coelho. *A gênese história da Constituição Federal: subsídio para sua interpretação e reforma*. Rio de Janeiro: Officinas Graph. Da Liga Matírima Brasileira, 1917; SARMENTO, Daniel; SOUZA NETO, Cláudio Pereira de.

tias individuais, consiste justamente no núcleo essencial desses direitos e garantias.

Nessa medida, a previsão textual que veda *emenda tendente a abolir* determinados direitos e institutos não é meramente declaratória. Ela estabelece um núcleo protetivo instransponível que seria diferente caso a redação do texto fosse outra. É verdade que da própria natureza principiológica de determinados direitos fundamentais e do postulado da proporcionalidade já decorre a proteção a um certo núcleo dos direitos restringidos. Esse núcleo, todavia, tem seus limites alargados e sua proteção reforçada pela alternativa redacional adotada pelo constituinte. A redação, portanto, tem alguma carga constitutiva e fixa um âmbito de proteção diverso – adicional – em relação à proporcionalidade, de modo que, mesmo que a restrição de um direito por uma emenda constitucional seja um meio proporcional para a promoção de determinado fim, é possível que a emenda seja invalidada por se chocar com a camada de proteção adicional (o núcleo essencial) do direito. Esse núcleo, em concisa definição, compreende a parcela sem a qual um direito perde um *mínimo de eficácia*.[53]

3.4 Abrangência material e formal

Em 1979, Karel Vasak, jurista tcheco-francês, formulou noção que se difundiria amplamente em tema de direitos fun-

---

Direito Constitucional: teoria, história e métodos de trabalho. Belo Horizonte: Forum, 2013. p. 108.

53. ÁVILA, Humberto Bergmann. *Teoria dos princípios – Da definição à aplicação dos princípios jurídicos*. São Paulo: Malheiros, 2004. 2. ed. p. 97.

damentais. Trata-se da ideia de que esses direitos se dividem em três gerações e de que cada uma delas está relacionada a um dos valores – liberdade, igualdade e fraternidade – que mobilizaram os revolucionários franceses de 1789.[54]

Essa classificação é hoje objeto de questionamento. Uma crítica aponta nela certa inadequação terminológica, na medida em que "o reconhecimento progressivo de novos direitos fundamentais tem o caráter de um processo cumulativo, de complementaridade, e não de alternância". O conceito de *dimensões*, portanto, no lugar de *gerações*, exprimiria melhor o fenômeno.[55] Além disso, muitos teóricos, como Paulo Bonavides, têm afirmado a existência de outras (quarta, quinta a até mesmo sexta) dimensões de direitos.[56]

De qualquer modo, o fato é que a classificação tem utilidade didático-acadêmica e pode ser empregada em diversos debates no campo constitucional. Uma das discussões em que se tem recorrido a ela diz respeito ao alcance da noção de *direitos e garantias individuais*, inscrita no art. 60, § 4º, IV, da Constituição. Há posição que sustenta que o vocábulo abrange apenas direitos de primeira dimensão, associados a liberdades individuais. No entanto, o entendimento absolutamente predo-

54. VASAK, Karel. *For the Third Generation of Human Rights: The Rights of Solidarity*. In: VASAK, Karel. *The international dimension of human rights*. Paris: Unesco, 1982.

55. SARLET, Ingo Wolfgang; MARINONI, Luiz Guilherme; MITIDIERO, Daniel. *Curso de direito constitucional*. São Paulo: Saraiva Educação, 2019. 8. ed. p. 318.

56. BONAVIDES, Paulo. *Curso de Direito Constitucional*. São Paulo: Malheiros, 2019. p. 585-609.

minante é que a cláusula oferece proteção reforçada às diversas dimensões de direitos fundamentais, e não somente à primeira.

Vários fatores precisam ser considerados para o correto enfrentamento da questão. O primeiro fator consiste na patente insuficiência do elemento gramatical na atividade de interpretar a Constituição. Em outros momentos, já se afirmou enfaticamente a necessidade de rigor metodológico na hermenêutica constitucional. Rigor metodológico, todavia, não se confunde com deferência absoluta à literalidade dos enunciados e muito menos com a leitura de cada enunciado isoladamente do conjunto. A interpretação não é mera atividade subsuntiva ou silogística. Ela tem também uma dimensão constitutiva e argumentativa. Mesmo Kelsen, convém notar, concorda com essa constatação, ao afirmar que "a norma do escalão superior tem sempre, em relação ao ato de produção normativa ou de execução que a aplica, o caráter de um quadro ou moldura a preencher por este ato", de modo que "todo ato jurídico em que o Direito é aplicado (...) é, em parte, determinado pelo Direito e, em parte, indeterminado".[57] Nessa medida, perceba-se que a fórmula *direitos e garantias individuais* tem acentuada fluidez semântica.[58] Dela não é possível extrair necessária identidade com apenas uma dimensão de direitos fundamentais específica. Ao contrário, em última análise, todos os direitos fundamentais, espalhados por toda a Constituição, são titularizados por indivíduos, sem prejuízo de suas correlatas manifestações coletivas

57. KELSEN, Hans. *Teoria pura do Direito*. Tradução: João Baptista Machado. São Paulo: Martins Fontes, 1998. p. 388-389.

58. BRANDÃO, Rodrigo; SARLET, Ingo Wolfgang. *Comentários ao art. 60*. In: CANOTILHO, José Joaquim Gomes et al. (coord.). *Comentários à Constituição do Brasil*. São Paulo: Saraiva Educação, 2018. p. 1223.

e transindividuais. Mesmo o direito ao meio ambiente saudável e equilibrado, típico direito transindividual, tem o indivíduo, ao fim, como autêntico titular.[59]

Um segundo fator, muito associado ao primeiro, que precisa ser levado em conta é que a Constituição não deve ser interpretada *em tiras*[60], mas em seu conjunto, de forma sistemática. Ao se lançar um olhar sobre o texto constitucional como um todo, verifica-se marcante imprecisão terminológica em tema de direitos fundamentais. De acordo com levantamento realizado por Brandão, a Constituição refere-se a *direitos e garantias fundamentais*, *direitos e deveres individuais e coletivos*, *direitos sociais*, *direitos políticos*, *direitos e liberdades constitucionais*, *direitos e garantias individuais* e *direitos humanos*.[61] Não é possível concluir que cada uma dessas expressões tenha um sentido próprio divorciado das demais ou que a fórmula *direitos e garantias individuais* tenha uma acepção restrita. Ao contrário, em geral, as expressões parecem ter sido empregadas como sinônimas. Aqui, cabe repisar que a Constituição, diferentemente de outras normas do ordenamento, não é um documento eminentemente técnico. Ela é também uma proclamação política, o que tem implicações no vocabulário por ela utilizado e na forma mais adequada de interpretá-la. É irreparável, nesse par-

59. SARLET, Ingo Wolfgang; MARINONI, Luiz Guilherme; MITIDIERO, Daniel. *Curso de direito constitucional.* São Paulo: Saraiva Educação, 2019. 8. ed. p. 154.

60. A expressão foi utilizada pelo Ministro Eros Grau em: BRASIL. Supremo Tribunal Federal. ADPF 101. Autor: Presidente da República. Relatora: Ministra Cármen Lúcia. Brasília, 24/06/2009.

61. BRANDÃO, Rodrigo. *Direitos fundamentais, democracia e cláusulas pétreas.* Rio de Janeiro: Renovar, 2008. p. 114.

ticular, a lição de Linares Quintana: "As palavras empregadas na Constituição devem ser entendidas em seu sentido geral e comum, a menos que resulte claramente de seu texto que o constituinte quis referir-se ao seu sentido técnico-jurídico".[62]

Ainda no tocante à necessidade de interpretação sistemática, é necessário perceber que o próprio constituinte, no art. 5º, § 2º, abriu o rol de direitos e garantias a "outros decorrentes do regime e dos princípios por ela adotados, ou dos tratados internacionais em que a República Federativa do Brasil seja parte". Essa *cláusula de abertura*[63] do sistema de direitos e garantias fundamentais configura uma diretriz hermenêutica importante da noção de *direitos e garantias individuais*. Embora, por diversos motivos, seja indesejável uma banalização da ideia de direitos fundamentais, não há nenhuma base que ampare sua interpretação restritiva.

Finalmente, um terceiro fator relevante na discussão consiste na indivisibilidade e na interdependência das diversões dimensões de direitos fundamentais. A comunidade internacional reconheceu essa condição nas duas conferências mundiais de direitos humanos, realizadas em Teerã, em 1968, e em Viena, em 1993.[64] Nessa última, declarou que "todos os direitos humanos são universais, indivisíveis, interdependentes e inter-relacionados" e devem ser tratados "em pé de igualdade e com

---

62. QUINTANA, Linares. *Reglas para la interpretación constitucional*. Buenos Aires: Plus Ultra, 1987. p. 65.

63. SARLET, Ingo Wolfgang. *Comentários ao art. 5º, § 2º*. In: CANOTILHO, José Joaquim Gomes et al. (coord.). *Comentários à Constituição do Brasil*. São Paulo: Saraiva Educação, 2018. p. 551.

64. CARVALHO RAMOS, André de. *Teoria geral dos direitos humanos na ordem internacional*. São Paulo: Saraiva, 2013. p. 178.

a mesma ênfase". Os termos da declaração são autoexplicativos e harmonizam-se bem com a constatação rawlsiana, já referida anteriormente, de que "abaixo de um certo nível de bem-estar material e social, e de treinamento e educação, as pessoas simplesmente não podem participar da sociedade como cidadãos, e muito menos como cidadãos iguais".[65] Dito de outro modo, não é possível hierarquizar aprioristicamente direitos fundamentais e conceder-lhes proteção diferenciada apenas em razão da dimensão específica a que pertencem.

A doutrina costuma tratar em tópicos separados as discussões sobre o alcance material (se abrange apenas direitos de primeira dimensão ou também direitos de outras dimensões) e o alcance formal (se abrange apenas os direitos do catálogo do art. 5º ou também outros direitos espalhados por todo o texto) da noção de *direitos e garantias individuais*. As questões, no entanto, estão entrelaçadas, e as respostas a ambas dependem de uma mesma premissa, consistente em saber o que precisamente configura um direito como fundamental. Se entendermos que não é a localização no texto constitucional que configura ou desconfigura a fundamentalidade de um direito, logicamente também não pode ser o pertencimento a uma ou outra dimensão, mera categoria didático-acadêmica, o fator a ensejar a proteção reforçada do art. 60, § 4º.

Precedentes do Supremo Tribunal Federal reconhecem que direitos e garantias fundamentais devem ser considerados cláusulas perenes independentemente do título ou do capítulo em que estão localizados no texto constitucional. A Corte já

---

65. RAWLS, John. *O liberalismo político*. Tradução: Álvaro de Vita. São Paulo: Martins Fontes, 2001. p. 213.

entendeu, por exemplo, que a anterioridade tributária, inscrita no art. 150, III, *b*, da Constituição, é garantia fundamental e tem caráter pétreo, não podendo ser excepcionada por emenda.

O ponto decisivo, reitere-se, consiste em identificar o que exatamente atribui fundamentalidade a um direito e o torna pétreo. Essa operação não é simples. Ninguém nega que o direito à vida é fundamental. Mais difícil, todavia, é saber se, por exemplo, a anterioridade tributária é mesmo um direito fundamental merecedor de proteção superconstitucional, como decidiu a Suprema Corte. Alguns ministros, sem negar que os direitos fundamentais pétreos não se esgotam no catálogo do art. 5º ou na chamada primeira dimensão, esboçaram algum esforço no sentido de melhor delimitá-los. Curiosamente, os que o fizeram concluíram que a anterioridade não é cláusula pétrea. Merece destaque o voto de Pertence, segundo o qual a interpretação sobre as limitações materiais ao poder de reforma da Constituição deve ser informada por uma *carga axiológica*.[66]

Essa proposta de um *exercício axiológico*[67] parece correta. Ocorre que é preciso definir quais são os valores que devem presidi-lo, o que nos leva de volta ao ponto de partida. Entende-se aqui que a melhor solução é orientar o exercício pela ideia de dignidade da pessoa humana, posição também defendida, em sede doutrinária, por Barroso: "é a partir do núcleo essencial do princípio da dignidade da pessoa humana que se irradiam

---

66. BRASIL. Supremo Tribunal Federal. ADI 939. Autor: Confederação Nacional dos Trabalhadores no Comércio. Relator: Ministro Sydney Sanches. Brasília, 15/12/1993.

67. VIEIRA, Oscar Vilhena. *A constituição e sua reserva de justiça: um ensaio sobre os limites materiais ao poder de reforma*. São Paulo: Malheiros, 1999. p. 167.

todos os direitos materialmente fundamentais, que devem receber proteção máxima, independentemente de sua posição formal, da geração a que pertencem e do tipo de prestação a que dão ensejo".[68]

O problema é que a dignidade da pessoa humana, da mesma forma, é ideia vaga, que tem se prestado a fundamentar todo tipo de posição nos mais variados temas. Em trabalho acadêmico notável, Daniel Sarmento deu valiosa contribuição à teoria jurídica ao buscar definir um conteúdo e uma metodologia de aplicação da dignidade. Em termos muito esquemáticos, a partir de uma leitura da ordem constitucional guiada por uma moralidade crítica, a posição do autor é que o conteúdo da dignidade se compõe dos seguintes elementos: *valor intrínseco da pessoa*, que veda a sua instrumentalização em favor de terceiros ou metas coletivas; *autonomia*, que se expressa tanto como autodeterminação quanto como direito de participar da deliberação pública; *mínimo existencial*, que supõe condições materiais mínimas de vida; *reconhecimento*, que consiste no respeito à identidade das pessoas nos diversos âmbitos de suas relações, e, finalmente, *igualdade*, a qual, na verdade, transcende a dignidade e, em linhas gerais, impõe a rejeição de hierarquias sociais e culturais.[69] Considerando que a identificação de direitos fundamentais é uma das funções da dignidade[70], podemos

---

68. BARROSO, Luís Roberto. *Curso de Direito Constitucional contemporâneo: os conceitos fundamentais e a construção do novo modelo*. São Paulo: Saraiva, 2015. 5ª ed. p. 213-214.

69. SARMENTO, Daniel. *Dignidade da pessoa humana: conteúdo, trajetórias e metodologia*. Belo Horizonte: Fórum, 2016. p. 92.

70. SARMENTO, Daniel. *Dignidade da pessoa humana: conteúdo, trajetórias e metodologia*. Belo Horizonte: Fórum, 2016. p. 84-85.

utilizar esses cinco elementos como filtros identificadores: se um direito estiver contemplado por eles, é fundamental; se, ao contrário, não tiver com eles nenhuma relação, não é fundamental. Desse raciocínio resulta a possibilidade de que, por exemplo, os direitos dos índios sobre suas terras, conquanto não constem no catálogo do art. 5º, sejam considerados fundamentais. Noutro giro, embora integre o rol do art. 5º, não tem natureza de direito fundamental e é perfeitamente alterável a norma que determina qual é a lei aplicável à sucessão de bens de estrangeiros situados no país.[71]

Enfim, por tudo o que se disse, não apenas os direitos fundamentais de primeira dimensão, mas os de todas as dimensões, integram a noção de *direitos e garantias individuais* inscrita como cláusula perene na Constituição. Tais direitos não se encontram apenas num título ou capítulo específico da Constituição, mas espalhados por todo o seu texto. Por outro lado, nenhum título ou capítulo contém exclusivamente direitos fundamentais imunes a alterações. Mesmo o art. 5º tem enunciados veiculadores de direitos que claramente não são fundamentais. A fundamentalidade de um direito deve ser aferida por meio de um exercício axiológico presidido pela ideia de dignidade da pessoa humana.

Por último, deve-se observar que o texto constitucional estabelece uma proteção especial não só aos direitos, mas também às suas garantias. Bonavides adverte que se trata de conceitos distintos. As garantias têm uma relação instrumental com

71. SARMENTO, Daniel; SOUZA NETO, Cláudio Pereira de. *Direito Constitucional: teoria, história e métodos de trabalho*. Belo Horizonte: Forum, 2013. p. 310.

os direitos. São elas os institutos que asseguram a fruição dos direitos. Sem elas, os direitos "cairiam no vazio das esferas abstratas". O desenvolvimento dogmático da categoria, conduzido pela "fina flor da geração de constitucionalistas weimerianos", ampliou-a de forma a abranger também "formas funcionais institucionalizadas", chamadas de "garantias institucionais", as quais impedem que certas instituições, por sua ligação com direitos fundamentais, sejam suprimidas, mutiladas ou ofendidas em sua esfera medular.[72]

3.5 Direitos a prestações

A atribuição de fundamentalidade a um determinado direito tem sérias consequências, subordinando-o a toda a uma dogmática e a uma metodologia específicas. No plano aqui investigado, a consequência mais importante consiste em que, ao assumir a condição de fundamental, um direito se torna imune à abolição, por força do art. 60, § 4º, da Constituição.

Ao longo deste trabalho, já foram abordadas diversas questões relativas à identificação da fundamentalidade – e, por conseguinte, do caráter pétreo – de um direito. A discussão não poderia ser finalizada, porém, sem antes se fazer referência a alguns elementos daquela que é, seguramente, a mais influente *teoria dos direitos fundamentais* da atualidade: a teoria de Robert Alexy.

De início, é preciso fazer uma ressalva. A teoria de Alexy não é, segundo sua própria definição, uma teoria filosófica,

---

72. BONAVIDES, Paulo. *Curso de Direito Constitucional.* São Paulo: Malheiros, 2019. p. 541-555.

sociológica ou histórica, desatrelada do Direito positivo. Trata-se de uma teoria dogmática dos direitos fundamentais da Constituição alemã.[73] Nessa medida, a importação da teoria ao contexto brasileiro, onde vige outra Constituição, deve ser feita com máxima cautela. De todo modo, é certo que alguns elementos do sistema teórico alexyano podem ter utilidade também no Brasil.

O sistema de Alexy busca dar respostas racionalmente fundamentadas às diversas questões que os direitos fundamentais suscitam em suas relações. São pontos centrais da teoria a conceituação dos direitos fundamentais e o estabelecimento de um critério apto a diferenciar normas de direitos fundamentais de normas que não o são. Alexy, em apertada síntese, sustenta que "direitos fundamentais são posições que são tão importantes que a decisão sobre garanti-las ou não garanti-las não pode ser simplesmente deixada para a maioria parlamentar simples". Por sua vez, "normas de direitos fundamentais são todas as normas para as quais existe a possibilidade de uma correta fundamentação referida a direitos fundamentais".[74] O conceito, como se vê, é largo e abrange não apenas normas expressas num rol constitucional específico, mas também *normas atribuídas* - a partir de relações de *refinamento* e *fundamentação* - àquelas normas estabelecidas diretamente pelo texto da Constituição.[75] Nesse ponto, observe-se que, embora seja uma teoria da Lei Funda-

73. ALEXY, Robert. *Teoria dos direitos fundamentais*. Tradução: Virgílio Afonso da Silva. São Paulo: Malheiros, 2008. p. 29.

74. ALEXY, Robert. *Teoria dos direitos fundamentais*. Tradução: Virgílio Afonso da Silva. São Paulo: Malheiros, 2008. p. 76 e 446.

75. ALEXY, Robert. *Teoria dos direitos fundamentais*. Tradução: Virgílio Afonso da Silva. São Paulo: Malheiros, 2008. p. 72-73.

mental alemã, a teoria de Alexy é perfeitamente compatível com o ordenamento jurídico brasileiro, cuja Constituição, em seu art. 5º, § 2º, estabeleceu que "os direitos e garantias expressos nesta Constituição não excluem outros decorrentes do regime e dos princípios por ela adotados". Essa abertura do conceito de normas de direitos fundamentais torna possível – e necessário – nele inserir normas relativas a instituições incumbidas de promover e proteger os direitos.

Parte relevante da teoria de Alexy focaliza os chamados *direitos a prestações*, investigando "se e em que medida se deve atribuir aos direitos fundamentais normas que garantam direitos a prestações em sentido amplo". A Constituição alemã é bastante cautelosa ao formular direitos a prestações. No texto constitucional, é possível encontrar somente um direito subjetivo a prestação formulado explicitamente, qual seja, o direito da mãe à proteção e à assistência da comunidade. Dessa forma, uma interpretação dos direitos fundamentais que pretenda fundamentar direitos a prestações no nível constitucional está obrigada a atribuí-los a "pontos de apoio formulados de forma objetiva" ou a outras normas que não asseguram diretamente direitos a prestações.[76]

Direitos a prestações usualmente se materializam por meio de prestações fáticas. Mas alguns direitos estão associados a um feixe de posições que impõem também prestações normativas. Do direito fundamental ao meio ambiente, por exemplo, podem ser inferidos os direitos a que o Estado proteja o titular contra intervenções de terceiros lesivas ao meio ambiente (direi-

---

76. ALEXY, Robert. *Teoria dos direitos fundamentais*. Tradução: Virgílio Afonso da Silva. São Paulo: Malheiros, 2008. p. 433-435.

to a proteção), a que o Estado inclua o titular em procedimentos relevantes para o meio ambiente (direito a procedimentos) e a que o Estado tome medidas benéficas ao meio ambiente (direito a prestações fáticas).[77]

Alexy visualiza, em suma, três tipos de *direitos a prestações* (em sentido amplo): *direitos a proteção*, *direitos a organização e procedimento* e *direitos a prestações em sentido estrito*. Os dois primeiros consistem, basicamente, em direitos a prestações normativas. Tais prestações podem emanar diretamente do constituinte (por meio de norma constitucional que, por exemplo, cria uma instituição ou estabelece um rito), do legislativo (por meio de norma legal), do judiciário (por meio de norma aplicada a um caso concreto) ou mesmo do administrador (por meio de atos regulamentares ou mesmo executórios). Sobre esses direitos são feitas algumas considerações a seguir.

3.5.1 Direitos a proteção

Direitos a proteção podem ser definidos como os direitos fundamentais que impõem que o Estado proteja os indivíduos contra intervenções de terceiros. Tais direitos podem se expressar de diversas formas (normas de responsabilidade civil, de Direito Administrativo, processuais e, notadamente, de Direito Penal) e ter diversos objetos (vida, liberdade e dignidade, entre outros). O que há em comum em meio a essa diversidade é que os direitos a proteção são direitos fundamentais a ações

77. ALEXY, Robert. *Teoria dos direitos fundamentais*. Tradução: Virgílio Afonso da Silva. São Paulo: Malheiros, 2008. p. 442-443.

positivas – principalmente normativas, mas também fáticas - em face do Estado.

Num modelo (neo) contratualista, a ampla renúncia ao direito à autoproteção exercida pelo próprio indivíduo somente pode ser fundamentada se ele receber, com essa renúncia, um direito à proteção estatal.[78] Os direitos a proteção, assim, encontram sua origem no próprio marco contratualista, que supõe que os particulares abdiquem, em regra, do exercício da autodefesa. O desempenho dessa defesa passa a ser atribuição monopolizada pelo próprio Estado.

Além disso, os direitos a proteção estão associados a certa evolução dogmática experimentada pelos direitos fundamentais, que passam a ser vistos de forma multifuncional, e não mais apenas numa perspectiva negativa, ligada a um paradigma liberal-individualista de aplicação do Direito. Essa multifuncionalidade impõe ao Estado não somente respeitar os direitos fundamentais (perspectiva negativa), mas também protegê-los (perspectiva positiva) contra ataques de terceiros. Passa-se a atribuir aos direitos fundamentais a função de *imperativos de tutela*, os quais se manifestam por meio de *deveres de proteção*.[79]

Todavia, "um dever de proteção não se verifica incondicionalmente, diante de qualquer obstáculo ao exercício de um direito fundamental". A partir do magistério de Canaris, Feldens aponta critérios de reconhecimento de um dever de proteção. (a) Primeiro, é preciso verificar se a suposta barreira

---

78. ALEXY, Robert. *Teoria dos direitos fundamentais*. Tradução: Virgílio Afonso da Silva. São Paulo: Malheiros, 2008. p. 450-455.

79. FELDENS, Luciano. *Direitos Fundamentais e Direito Penal*. Porto Alegre: Livraria do Advogado, 2008. p. 58-63.

ao direito fundamental realmente o atinge. Por exemplo, a mera crítica não implica ofensa à liberdade artística. Não é possível invocar o dever estatal de proteção da liberdade artística para coibir a simples crítica. Diferente seria a situação se a crítica se convertesse em violência, caso que demandaria a devida proteção. (b) Segundo, é necessário checar se o obstáculo ao exercício do direito fundamental é ilícito e se há uma assimetria entre as partes envolvidas. Obviamente, não se cogita reclamar a atuação do Estado diante de um ato lícito. Ademais, é imperioso demonstrar que a parte cujo direito fundamental foi violado se encontra numa posição vulnerável, dependente da proteção estatal. (c) Terceiro, deve-se analisar a hierarquia do bem protegido e a intensidade da ameaça contra ele. Aqui, realiza-se uma atividade ponderativa. Por exemplo, o direito à vida ocupa uma posição superior em relação à liberdade de circulação. No entanto, uma ameaça à vida, quando remota, cede à liberdade de circulação em determinadas circunstâncias, como na permissão de trânsito de veículos. Não há dever de proteção na hipótese.[80]

Por outro lado, reconhecido um dever de proteção, deve ele coexistir com a clássica função de defesa (perspectiva negativa) dos direitos fundamentais. Aqui, o intérprete, por vezes, vai se encontrar entre *Cila* e *Caribdis*. Mas é preciso afirmar que excesso de proteção sem observância rigorosa dos demais direitos fundamentais é traço típico de Estados autoritários.

Acrescente-se que existem margens diversas de concretização do dever de proteção, "as quais não necessariamente

80. FELDENS, Luciano. *Direitos Fundamentais e Direito Penal*. Porto Alegre: Livraria do Advogado, 2008. p. 77-79.

exigem a adoção de medidas legislativas, menos ainda de caráter jurídico-penal. A remoção de uma eventual barreira ao direito fundamental por vezes se resolverá mediante o acionamento da administração ou da jurisdição".[81] Vale dizer, reconhecida a existência de um dever de proteção, dele não decorre inevitavelmente a necessidade de uma prestação normativa de estatura constitucional, muito menos de caráter pétreo. Estando o Estado obrigado a proteger, afirma Alexy, "a decisão sobre *como* essa obrigação será satisfeita é algo que 'em primeira linha', 'em grande medida' ou 'em essência' cabe ao legislador". Prossegue o jurista alemão, citando o *caso Schleyer*, julgado da Suprema Corte alemã acerca do direito à vida: "A forma como os órgãos estatais transformam sua obrigação em uma proteção efetiva da vida é algo que deve ser decidido em princípio por eles mesmos e sob sua própria responsabilidade. Eles decidem sobre quais medidas de proteção são apropriadas e obrigatórias para garantir uma real proteção da vida".[82]

Na análise da suficiência das prestações (normativas e fáticas) adotadas para efetivar um direito a proteção, joga um papel importante o postulado da proporcionalidade. Desviaria os propósitos deste trabalho o aprofundamento da análise desse postulado. Cabe apenas registrar que, além da tradicional face de *proibição de excesso*[83], tem se atribuído à proporcionalidade

81. FELDENS, Luciano. *Direitos Fundamentais e Direito Penal*. Porto Alegre: Livraria do Advogado, 2008. p. 77.

82. ALEXY, Robert. *Teoria dos direitos fundamentais*. Tradução: Virgílio Afonso da Silva. São Paulo: Malheiros, 2008. p. 463.

83. Segundo a posição defendida em 3.3.1, em sintonia com o entendimento de Humberto Ávila, a *proibição de excesso* é, na verdade, aspecto a ser examinado em separado da *proporcionalidade*, coincidindo com a noção de *núcleo essencial*.

a face de *proibição de proteção deficiente*. Assim, uma vez reconhecido que o Estado tem o dever de proteger certo direito fundamental, a segunda face da proporcionalidade proíbe que se desça abaixo de um mínimo de proteção.[84]

Essa avaliação da suficiência das medidas de proteção adotadas é trabalhosa. Enquanto no plano da proibição de excesso se analisa uma ação específica (precisamente aquela ação adotada), no nível da proibição de proteção deficiente há uma gama de possíveis ações protetivas a serem analisadas (constitucionais, legais, penais, civis, administrativas).[85] Tais ações protetivas não são facilmente distinguíveis entre efetivas e não efetivas. Há meios de proteção mais ou menos efetivos. Isso desperta *problemas empíricos de efetividade*, que dizem respeito aos efeitos futuros de medidas presentes, ou seja, a prognósticos. Além disso, deveres de proteção têm natureza de princípio e podem colidir com outros princípios. Essa possibilidade de colisões enseja *problemas normativos de sopesamento*.[86] A solução dessa problemática toda é complexa. E, por mais que a busca por rigor metodológico e o desenvolvimento dogmático de instrumentos ponderativos como a proporcionalidade reduzam a discricionariedade na escolha entre as medidas protetivas, é inviável eliminar por completo alguma discricionariedade e estabelecer que a Constituição predeterminou uma ação específica de proteção, quando ela não o fez claramente.

---

84. FELDENS, Luciano. *Direitos Fundamentais e Direito Penal*. Porto Alegre: Livraria do Advogado, 2008. p. 82-92.

85. FELDENS, Luciano. *Direitos Fundamentais e Direito Penal*. Porto Alegre: Livraria do Advogado, 2008. p. 90-91.

86. FELDENS, Luciano. *Direitos Fundamentais e Direito Penal*. Porto Alegre: Livraria do Advogado, 2008. p. 463-465.

De fato, imaginando um exemplo concreto, é difícil avaliar qual arranjo institucional melhor realiza os direitos a proteção que decorrem da Constituição. Não é possível afirmar categoricamente que o modelo escolhido pelo constituinte, por exemplo, em que o Ministério Público acumula uma série de atribuições nesse sentido, é superior a um arranjo institucional alternativo, que distribui essas funções a instituições diversas. Assim, no contexto dos direitos a proteção, não se pode sustentar aprioristicamente que qualquer alteração do perfil do Ministério Público ofende cláusula pétrea. Atribuir função hoje confiada ao Ministério Público a outra instituição, dotada das mesmas prerrogativas, não ofende cláusula pétrea. Diferente seria a situação de simplesmente suprimir a função ou de conferi-la a instituição de menor envergadura, o que implicaria redução do grau protetivo dos direitos.

Em conclusão, em geral, é inviável estabelecer com precisão a superioridade de uma medida específica de proteção e a consequente ilegitimidade de todas as outras. A análise da legitimidade ou não de uma medida é eminentemente casuística. O que se preconiza é uma *proteção eficiente* (não-insuficiente e não-excessiva), conceito que comporta boa margem de conformação do legislador e do constituinte derivado. Por outro lado, não há dúvida de que a existência de um dever de proteção autoriza "o afastamento, por invalidez, de normas que, por retirarem a proteção legal conferida a um determinado direito fundamental, introduzam, nesse determinado ordenamento 'posto', uma situação de manifesta infraproteção".[87]

87. FELDENS, Luciano. *Direitos Fundamentais e Direito Penal.* Porto Alegre: Livraria do Advogado, 2008. p. 82-92.

3.5.2 Direitos a organização e procedimento

Alexy constata que, no recente debate sobre direitos fundamentais, poucas ideias despertaram tanta atenção quanto a conexão entre direitos fundamentais, organização e procedimento. O interesse pelo tema não se limita ao campo do Direito, chegando também ao domínio da Ética, como revelam as teorias procedimentais de Habermas e Rawls. O quadro é, de certo modo, de uma "euforia procedimental geral".[88]

Direitos a organização e procedimento são prestações – eminentemente normativas, mas também fáticas – associadas a direitos fundamentais materiais cuja efetivação impõe ao Estado que atue positivamente mediante, por exemplo, a criação de organizações em sentido estrito e de procedimentos administrativos e judiciais.[89] A fórmula, como se vê, tem um espectro de abrangência bastante amplo. Reúne uma pluralidade diversificada de fenômenos, de caráter organizativo (como, por exemplo, a composição de um órgão colegiado) e procedimental (como, por exemplo, as etapas de um rito de licenciamento ambiental), decorrentes da necessidade de tutela de um direito fundamental material. O aparato criado para essa tutela passa a integrar o conteúdo do próprio direito fundamental.[90]

---

88. ALEXY, Robert. *Teoria dos direitos fundamentais*. Tradução: Virgílio Afonso da Silva. São Paulo: Malheiros, 2008. p. 470.

89. Alexy divide os direitos a organização e procedimento em quatro grupos, de acordo com o objeto: a) competências de direito privado, b) procedimentos administrativos e judiciais, c) organização em sentido estrito e d) formação da vontade estatal. Para os propósitos deste trabalho, são relevantes as noções de direitos a procedimentos administrativos e judiciais e a organizações em sentido estrito.

90. ALEXY, Robert. *Teoria dos direitos fundamentais*. Tradução: Virgílio Afonso da Silva. São Paulo: Malheiros, 2008. p. 440.

Nada impede que um direito a organização e procedimento seja reconhecido direta e expressamente pela Constituição como um direito fundamental. Na maior parte das vezes, no entanto, esse reconhecimento ocorre a partir de pontos de apoio formulados de modo objetivo ou a partir da atribuição a normas que não asseguram diretamente direitos a prestações. Em todos os casos, o direito a organização e procedimento não é fim em si mesmo, mas meio de realização de um direito fundamental material correlato.

Nesse sentido, em trabalho acadêmico sobre o direito fundamental ao ambiente, Gavião Filho observa: "É necessário anotar que essas exigências de organização e procedimento não representam direitos fundamentais processuais autônomos em relação aos direitos fundamentais materiais, e sim dimensões procedimentais de direito fundamental ao ambiente, considerada a noção de direito fundamental como um todo que contempla um feixe de posições jurídicas".[91]

De acordo com Alexy, boa parte da discussão sobre tais direitos consiste numa "tentativa de reproduzir e conceitualizar um desenvolvimento já levado a cabo na práxis jurisprudencial", de modo que merecem atenção as decisões do Tribunal Constitucional Federal.[92] O Tribunal já reconheceu a existência de direitos a prestações seja a partir de pontos de apoio objetivos, seja a partir da atribuição a normas que não são diretamente prestacionais.

91. GAVIÃO FILHO, Anizio Pires. *Direito fundamental ao ambiente.* Porto Alegre: Livraria do Advogado, 2005. p. 76.

92. ALEXY, Robert. *Teoria dos direitos fundamentais.* Tradução: Virgílio Afonso da Silva. São Paulo: Malheiros, 2008. p. 472.

Cabe referir caso em que discutiu sobre o art. 5º, § 3º, da Constituição, segundo o qual "a arte e a ciência, a pesquisa e o ensino são livres". Perceba-se que o artigo não cria diretamente um direito a prestação. A Corte constitucional, no entanto, decidiu que ao titular do direito previsto no dispositivo surge "um direito àquelas medidas estatais, também de caráter organizacional, que sejam imprescindíveis para a proteção de sua esfera de liberdade constitucionalmente protegida, porque só a partir dessas medidas é que se torna possível a atividade científica livre".[93]

Essa atribuição de direitos organizacionais e procedimentais a normas que, à primeira vista, carecem de caráter prestacional não é estranha aos tribunais brasileiros. É digna de menção demanda que discutiu, no Supremo Tribunal Federal, o cancelamento de títulos de eleitores que não atenderam a chamado de cadastramento biométrico. Os subscritores da ação sustentaram que: "Os direitos fundamentais, ao lado da sua tradicional dimensão subjetiva, possuem também uma dimensão objetiva, que se liga à relevância dos bens jurídicos que tais direitos protegem. Essa dimensão objetiva agrega novos efeitos aos direitos fundamentais, além daqueles associados à sua faceta de direitos subjetivos". A seguir, acrescentaram: "Um desses efeitos é conhecido como direito a organização e procedimento. A premissa básica é de que os direitos não se concretizam por um passe de mágica. Para que tenham efetividade no mundo real, é necessário que existam organizações adequadas à sua tutela, bem como procedimentos formatados de modo a protegê-los e

93. ALEXY, Robert. *Teoria dos direitos fundamentais*. Tradução: Virgílio Afonso da Silva. São Paulo: Malheiros, 2008. p. 440.

promovê-los correta e suficientemente". Embora tenha julgado o pedido improcedente, o Supremo Tribunal Federal não negou a faceta organizacional e procedimental do direito fundamental (direito ao voto) em discussão. A Corte entendeu que o procedimento adotado pela Justiça Eleitoral ao cancelar títulos eleitorais por falta de cadastramento biométrico foi escorreito. Em vez de negar a existência de direitos a organização e procedimento, o Tribunal parece ter, ao contrário, pressuposto sua existência para afirmar que inexistiu violação a direitos.[94]

Há ainda diversos outros casos. Em ação que discutiu a compatibilidade das audiências de custódia com o ordenamento jurídico brasileiro, o ministro Fux, relator, assentou: "Tem-se aqui terreno fértil para o reconhecimento de dimensão objetiva dos direitos fundamentais, no que têm destaque os chamados de 'direitos a organização e procedimento', os quais, segundo pontua Robert Alexy, 'são direitos essenciais a uma proteção jurídica efetiva'".[95]

Nessa medida, normas de organização e procedimento devem ser criadas de forma que os resultados por elas produzidos sejam, com máxima probabilidade, conforme os direitos fundamentais. É certo que não é possível assegurar que, em todas as situações, normas organizacionais e procedimentais, conquanto adequadas, levem a resultados corretos na perspectiva dos direitos fundamentais. Mas elas podem maximizar a probabilidade de que isso ocorra. O jurista alemão bem aponta

94. BRASIL. Supremo Tribunal Federal. ADPF 541. Autor: Partido Socialista Brasileiro. Relator: Ministro Roberto Barroso. Brasília, 16/05/2019.

95. BRASIL. Supremo Tribunal Federal. ADI 5.240. Autor: Associação dos Delegados de Polícia do Brasil. Relator: Ministro Luiz Fux. Brasília, 01/02/2016.

que o fato de que elas "não consigam realizar tudo não significa que elas devem ser subestimadas. Sempre que normas procedimentais puderem aumentar a proteção aos direitos fundamentais elas serão exigidas *prima facie* pelos princípios de direitos fundamentais".[96]

Entre as posições jurídicas que as normas organizacionais e procedimentos têm aptidão de criar, convém mencionar a proibição de eliminação. Alexy anota: "o conteúdo jurídico-procedimental das normas de direitos fundamentais consiste, em enorme medida, em proteger posições jurídicas procedimentais existentes por meio de uma proibição de sua eliminação pura e simples ou de sua eliminação sem compensação".[97]

É verdade que não se pode defender a petrificação de um modelo organizativo e procedimental específico em detrimento dos demais. De modo análogo ao que se afirmou quando se abordaram os direitos a proteção, compete à maioria política definir, com certa discricionariedade, as normas organizacionais e procedimentais de tutela dos direitos fundamentais materiais. O que não se admite é suprimir uma organização ou procedimento sem adequada compensação ou alterar um arranjo organizacional e um procedimento de forma a torná-los disfuncionais.

Nesse contexto, a título exemplificativo, observe-se que, para a efetivação de direitos fundamentais de grupos vulneráveis como os povos indígenas, o Ministério Público foi designado pelo constituinte como uma organização relevante. Sob a pers-

96. ALEXY, Robert. *Teoria dos direitos fundamentais*. Tradução: Virgílio Afonso da Silva. São Paulo: Malheiros, 2008. p. 473 e 483-490.

97. ALEXY, Robert. *Teoria dos direitos fundamentais*. Tradução: Virgílio Afonso da Silva. São Paulo: Malheiros, 2008. p. 477.

pectiva dos direitos a organização, portanto, nesse caso concreto, enfraquecer o Ministério Público ou mesmo lhe subtrair essa função e atribuí-la a outra instituição - menos estruturada, sem as mesmas garantias e prerrogativas e eventualmente vulnerável ao processo político majoritário - implica enfraquecer os próprios direitos fundamentais das populações indígenas. Vale dizer, aos direitos fundamentais desses povos corresponde um feixe de posições jurídicas, feixe esse que inclui um direito a organização, o qual se expressa na existência do Ministério Público.

Gavião Filho fornece outro exemplo: "A estrutura organizacional do Estado constitucional ambiental brasileiro está orientada no sentido da realização do direito fundamental ao ambiente (...). Essa organização está protegida pela proibição de retrocesso, disso resultando que o Estado não pode extinguir órgãos ambientais, salvo criando outros com mesma ou superior eficácia".[98]

Em relação à noção de *direitos a procedimento*, seria inócua, exemplificativamente, a previsão de um direito fundamental ao ambiente sem normas procedimentais adequadas de licenciamento para empreendimentos. Da mesma forma, muitos direitos difusos e coletivos restariam fatalmente debilitados se, por exemplo, as normas procedimentais que regem a ação civil pública fossem alteradas para retirar a legitimidade ativa do Ministério Público ou mesmo reduzir sua atuação.

98. GAVIÃO FILHO, Anizio Pires. *Direito fundamental ao ambiente*. Porto Alegre: Livraria do Advogado, 2005. p. 92.

4. Cláusulas pétreas institucionais

4.1 Caminho percorrido

É de se imaginar que este capítulo configura a principal parte do trabalho. Porém, não se trata necessariamente disso. O capítulo é, na verdade, uma síntese sistematizadora dos demais na qual se busca, finalmente, identificar características institucionais que, por ligação com os direitos e garantias fundamentais, são cláusulas pétreas e recebem proteção reforçada.

De todo modo, antes de se passar para a definição individualizada de cada uma das cláusulas propostas, convém retomar, em termos mais esquemáticos, algumas premissas importantes firmadas no caminho teórico percorrido:

(a) Experiências históricas paradigmáticas demonstram que tanto o excesso quanto a falta de rigidez constitucional são nocivos, de modo que o projeto constitucional, seja ao ser concebido, seja ao ser implementado pelas instituições e pela sociedade ao longo do tempo, deve buscar um padrão de rigidez que compatibilize o direito de uma geração se autogovernar com a necessidade de retirar certos direitos fundamentais da agenda política cotidiana. Cláusulas pétreas são o instituto central dessa proposta.

(b) A experiência histórica revela, ainda, que ataques sistemáticos a direitos fundamentais contaram com a colaboração das instituições em geral e em especial do sistema de justiça. Instituições vocacionadas à proteção de direitos fundamentais, portanto, são instrumentos que merecem proteção reforçada.

(c) A aplicação das cláusulas pétreas envolve uma série de dificuldades, como problemas de democracia intergeracional e riscos de arbítrio e decisionismo judicial. Diversas linhas de justificação foram desenvolvidas como respostas a essas e outras dificuldades. A adoção de uma ou outra linha pode implicar formas muito diferentes, mais ampliativas ou restritivas, de interpretar e aplicar as cláusulas pétreas. Embora não seja imune a críticas, o *contratualismo rawlsiano* é o mais exitoso trabalho da teoria política em oferecer justificativas para a existência de cláusulas pétreas e em indicar elementos que devem ser contemplados por elas. Na medida em que seus *princípios de justiça* e *elementos essenciais* não são valores transcendentes derivados da natureza, mas resultados de um procedimento conduzido pela razão humana, Rawls supera inconsistências importantes do Direito Natural, incompatível com uma sociedade pluralista e democrática. Por outro lado, sua construção não é meramente procedimental, uma vez que o procedimento é, na verdade, um meio de assegurar que seres humanos livres e iguais se associem sem se tornar instrumentos uns dos outros. Há, portanto, uma ética substantiva permeando a proposta rawlsiana. Nesse sentido, as cláusulas pétreas de um ordenamento jurídico não devem ser lidas como instrumentos de bloqueio absoluto de mudanças, mas como uma proteção reforçada a direitos fundamentais e elementos sem os quais não há sentido em fazer parte de uma comunidade política. Entre esses elementos devem estar instituições aptas a bloquear violações a direitos.[1]

(d) O movimento neoconstitucionalista e o próprio ordenamento jurídico brasileiro reclamam do Poder Judiciário uma postura ativa na realização do projeto constitucional. No entanto, especialmente no caso de invalidação de normas supermajoritárias como emendas constitucionais, é preciso que o Poder Judiciário calibre seu ativismo de acordo com uma série de parâmetros, tais como: *neutralidade política*, *legitimidade democrática* do ato normativo impugnado, *rigor metodológico*, *capacidade institucional* do agente que editou o ato questionado, *carga axiológica* e respeito ao *núcleo essencial* dos direitos.

(e) Emendas constitucionais, como qualquer norma jurídica, podem restringir direitos fundamentais.

1. VIEIRA, Oscar Vilhena. *A constituição e sua reserva de justiça: um ensaio sobre os limites materiais ao poder de reforma.* São Paulo: Malheiros, 1999. p. 204 e 224.

(f) As restrições a um direito fundamental, no entanto, não podem invadir seu *núcleo essencial*, compreendido como a parcela sem a qual um direito perde o mínimo de eficácia.

(g) Direitos de todas as dimensões integram a noção de *direitos e garantias individuais* inscrita como cláusula pétrea na Constituição. Tais direitos não se encontram apenas num título ou capítulo específico da Constituição, mas espalhados por todo o seu texto. Por outro lado, nenhum título ou capítulo contém exclusivamente direitos fundamentais imunes a alterações. A fundamentalidade de um direito deve ser aferida por meio de um exercício axiológico presidido pela ideia de dignidade da pessoa humana.

(h) A dignidade da pessoa humana compõe-se dos seguintes elementos: *valor intrínseco da pessoa*, *autonomia*, *mínimo existencial*, *reconhecimento* e *igualdade*.[2] Considerando que a identificação de direitos fundamentais é uma das funções da dignidade, podemos utilizar esses cinco elementos como filtros identificadores: se um direito estiver contemplado por eles, é fundamental; se, ao contrário, não tiver com eles nenhuma relação, não é fundamental.

(i) O texto constitucional estabelece uma proteção especial não só aos direitos, mas também às suas garantias. Trata-se de conceitos distintos. As garantias têm uma

2. SARMENTO, Daniel. *Dignidade da pessoa humana: conteúdo, trajetórias e metodologia*. Belo Horizonte: Fórum, 2016. p. 92.

relação instrumental com os direitos. São elas os instrumentos que asseguram a fruição dos direitos. Características institucionais voltadas para a proteção de direitos estão contempladas por essa definição.

(j) São normas de direitos fundamentais – como tais, protegidas por cláusula pétrea - não apenas aquelas expressas num rol constitucional específico, mas também *normas atribuídas*, a partir de relações de *refinamento* e *fundamentação*, às normas estabelecidas diretamente pelo texto da Constituição. Portanto, muitos *direitos a prestações*, notadamente *direitos a proteção* e *direitos a organização e procedimento*, consistem em prestações normativas e fáticas que, com base em pontos de apoio encontrados no texto constitucional, se realizam no plano infraconstitucional.[3]

4.2 Definição e operacionalização

Em suma, cláusulas pétreas institucionais são características das instituições em geral que, devido a uma relação instrumental com os direitos fundamentais, não podem ser suprimidas ou modificadas de modo a ameaçar a sobrevivência desses direitos. Tais características podem estar presentes em uma instituição específica ou em mais de uma e buscam configurar um sistema capaz de impedir um desarranjo institucional que coloque em risco os direitos fundamentais. O ordenamento,

3. ALEXY, Robert. *Teoria dos direitos fundamentais*. Tradução: Virgílio Afonso da Silva. São Paulo: Malheiros, 2008. p. 72-73 e 433-435.

globalmente considerado, deve assegurar espaço suficiente a essas características.

A análise individualizada de cada cláusula desvelará melhor sua aplicação. No entanto, é conveniente fixar algumas regras gerais que orientam a operacionalização de todas elas:

(a) *Em regra, o constituinte derivado é livre para modificar o arranjo institucional.* É preciso levar em conta, uma vez mais, o direito de cada geração se autogovernar, o que supõe, inclusive, a liberdade de definir os arranjos institucionais que melhor contemplam seus desígnios. Além disso, especificamente em relação ao arcabouço institucional brasileiro, é necessário considerar que a Constituição brasileira foi um *compromisso maximizador*, que acabou colocando em seu texto não apenas questões realmente fundamentais, mas também interesses corporativos de grupos que souberam se articular na arena constituinte.[4] Não considerar esses fatores poderia nos levar a um quadro de engessamento institucional e de perenização de privilégios corporativos. O constituinte derivado, portanto, como regra geral, deve ter liberdade para promover mudanças nas instituições, mudanças essas que podem aprimorar, e não necessariamente rebaixar, a proteção de direitos fundamentais. Nas palavras de Boaventura de Sousa Santos, o Estado deve ser compreendido

4. VIEIRA, Oscar Vilhena. *A constituição e sua reserva de justiça: um ensaio sobre os limites materiais ao poder de reforma.* São Paulo: Malheiros, 1999. p. 27.

como "campo de experimentação política"[5], aberto a propostas inovadoras voltadas a melhor realizar o projeto constitucional.

(b) *Qualquer cláusula pétrea institucional pressupõe uma relação da instituição com a proteção de direitos fundamentais.* Evidentemente, não é plausível retirar da agenda política cotidiana características de instituições que não têm qualquer relação com a promoção de direitos fundamentais. Por mais que o constituinte derivado e o legislador possam adotar posições equivocadas em termos de eficiência ao promover determinadas reformas institucionais, as maiorias políticas têm prerrogativa plena de decidir, e mesmo de errar, quando nenhum direito fundamental estiver envolvido.

(c) *A instituição cuja característica é protegida por uma cláusula pétrea institucional não necessariamente tem previsão expressa no texto constitucional.* É possível que a instituição correlata a um direito fundamental esteja referida diretamente no texto constitucional. Mas é possível que ela esteja prevista somente em nível legal, numa *norma atribuída*, a partir de uma relação de *refinamento* ou *fundamentação*, a um ponto de apoio da Constituição. Nessa hipótese, embora o constituinte derivado e o legislador tenham maior liberdade para delinear o perfil da instituição, não se afasta a incidência da cláusula pétrea institucional, que projeta

5. SANTOS, Boaventura de Sousa. *Para uma revolução democrática da justiça.* Coimbra: Almedina, 2014. p. 78.

efeitos também sobre o plano infraconstitucional. A forma como essa projeção ocorre fica mais clara no exame de cada cláusula.

(d) *A análise de uma mudança institucional deve levar em consideração os resultados globais, e não pontuais, por ela produzidos sobre os direitos fundamentais.* É possível, assim, que uma reforma constitucional, embora retire poderes de uma instituição e aparentemente reduza o grau protetivo de um direito, os redistribua de modo que aprimore sua proteção. Nesse caso, não há ofensa a cláusula pétrea.

4.3 Cláusulas propostas

A seguir, sem pretensão exauriente, são apresentadas quatro cláusulas pétreas institucionais: *existência*, *independência*, *contramajoritariedade* e *capacidade institucional*. No desenvolvimento das cláusulas, recorre-se a questões teóricas e, também, a exemplos, reais ou hipotéticos, voltados a melhor demonstrar sua operacionalização e a aproximar a discussão da realidade.

4.3.1 Existência

A primeira cláusula pétrea institucional proposta consiste na ideia de que, embora o constituinte derivado tenha liberdade para redesenhar as instituições, não pode retirar a atribuição de tutela de um direito fundamental de um agente e não conferi-la a ninguém ou entregá-la a instituição cuja envergadura não propicie uma proteção adequada ao direito.

Um direito fundamental está sempre imbricado com sua garantia, seja ela processual, institucional ou de outra natureza. Sem as garantias, anota Bonavides, "os direitos contidos em declarações cairiam no vazio das esferas abstratas, ou perderiam o fio institucional de contato com a realidade concreta (...). De nada valeriam os direitos ou as declarações de direitos se não houvesse pois as garantias constitucionais para fazer reais ou efetivos esses direitos".[6]

Nessa medida, não se pode corromper uma garantia de modo a inviabilizar o próprio direito correlato. Ocorre que a operação de identificar a garantia correspondente ao direito pode nem sempre ser simples. Atualmente, existe certo consenso de que não existe norma jurídica senão norma jurídica interpretada. A norma não se confunde, portanto, com o enunciado. Ela é o produto da interpretação de um - ou mais de um – enunciado e deve considerar, além do texto, vários outros elementos, como a realidade social sobre a qual incide.[7] No campo da atribuição de tutela de um direito fundamental a uma instituição específica, a norma garantidora, em regra, é produto da interpretação de vários enunciados. Voltando a exemplo já abordado em outro momento, os direitos dos índios às suas terras – os quais têm natureza de direitos fundamentais - estão consagrados no art. 231 da Constituição. Por sua vez, o art. 129, V, da Constituição, confere ao Ministério Público a função de "defender judicialmente os direitos e inte-

6. BONAVIDES, Paulo. *Curso de Direito Constitucional.* São Paulo: Malheiros, 2019. p. 544.

7. SARMENTO, Daniel; SOUZA NETO, Cláudio Pereira de. *Direito Constitucional: teoria, história e métodos de trabalho.* Belo Horizonte: Forum, 2013. p. 358.

resses das populações indígenas". Da combinação desses dois enunciados extrai-se a norma de que o Ministério Público é instituição garantidora dos direitos dos índios às suas terras. Não é vedado ao constituinte derivado retirar essa atribuição do Ministério Público e conferi-la a outro agente, já existente ou mesmo fruto de desmembramento daquela instituição. Não se pode, porém, simplesmente suprimir essa função e não conferi-la a ninguém ou, então, delegá-la a instituição cuja envergadura seja inferior a ponto de ameaçar a sobrevivência do direito protegido. Essa análise deve levar em conta tanto a envergadura constitucional-legal, extraída do Direito positivo, quanto a envergadura efetiva, identificada no poder real de uma instituição e associada, entre outros fatores, à sua estrutura administrativa, pessoal e orçamentária. Nessa medida, não parece possível, sob pena de ameaçar de aniquilação os direitos fundamentais dos índios às suas terras, retirar a atribuição de defesa dos interesses indígenas do Ministério Público e conferi-la, por exemplo, à Defensoria Pública. Essa instituição, além de não ter exatamente a mesma envergadura constitucional-legal do Ministério Público, tampouco tem a mesma envergadura efetiva, uma vez que ainda padece de muitas carências pessoais e orçamentárias. Uma mudança de atribuição dessa natureza, portanto, somente seria possível mediante prévio fortalecimento da Defensoria tanto no plano constitucional-legal quanto em termos administrativos e orçamentários.

Cumpre notar que na maior parte dos casos o constituinte originário não especifica a instituição incumbida da tutela do direito fundamental. Nessas hipóteses, o constituinte derivado e o legislador têm maior margem para apreciar e estabelecer o arranjo institucional que entendem mais conveniente. Mas não podem deixar de conferir a tutela do direito a alguém. Retornando mais uma vez aos direitos dos índios às suas terras, cabe observar que a Fundação Nacional do Índio, embora tenha importantes atribuições nesse aspecto, não foi prevista expressamente na Constituição. É possível, portanto, observados os ritos legais, os quais, no caso, incluem a consulta prévia aos povos indígenas, até mesmo extinguir a instituição. O constituinte derivado e o legislador podem fazer isso. Mas as atribuições da fundação precisariam ser conferidas a outra instituição com a mesma envergadura (constitucional-legal e efetiva), sob pena de se colocarem em risco os direitos fundamentais protegidos.

Em síntese, a primeira cláusula pétrea institucional protege a própria *existência* de uma instituição, sempre que ela for correlata a um direito fundamental. Alterações no perfil de uma instituição ou mesmo sua supressão são permitidas desde que suas atribuições sejam conferidas a um agente cuja envergadura propicie proteção suficiente ao direito.

No entanto, a tão só existência de uma instituição garantidora de um direito fundamental não assegura sua proteção efetiva. É necessário também preservar outros aspectos. Esses aspectos, de certa forma, estão associados ao próprio exame da envergadura institucional acima referida, mas, devido à sua importância, merecem exame mais pormenorizado, configurando, cada um deles, uma cláusula pétrea institucional específica.

4.3.2 Independência

É sabido que, para a proteção efetiva dos direitos fundamentais, não basta a existência de instituições com tal encargo.

Mais do que isso, é necessário que as instituições que recebem a incumbência sejam efetivamente independentes.

A *independência* é atributo institucional que visa assegurar que a distribuição de poderes e funções estatais ocorra não apenas de modo retórico, mas no plano da realidade. Seria inócuo dividir o poder entre diversos agentes mas, na prática, subordinar um agente a outro. Nesse caso, por falta de independência entre as instituições, há concentração de poderes e, inevitavelmente, risco de arbítrio e de vulneração de direitos fundamentais.

A independência de uma instituição está associada ao conjunto de garantias e prerrogativas conferidas aos seus integrantes, bem como às vedações que lhes são impostas. As normas constitucionais que, por exemplo, atribuem a magistrados as garantias da vitaliciedade e da inamovibilidade e vedam que eles exerçam atividade político-partidária buscam preservar a independência do Poder Judiciário, independência essa que sempre tem como fim a proteção de direitos.

Tamanha é a importância da independência que ela está diretamente relacionada a duas cláusulas pétreas – a *forma federativa de Estado* e a *separação dos poderes*. Essas cláusulas, pois, embora autônomas, têm um sentido instrumental. Não são fins em si mesmas, mas meios de proteção de direitos. Ainda que não se cogite qualquer hierarquia formal entre cláusulas pétreas, é possível sustentar que há, sim, uma hierarquia axiológica, devendo todas elas ser reconduzidas aos direitos fundamentais, que configuram diretriz hermenêutica de todo o ordenamento. Pode-se afirmar que não há ofensa à separação de poderes e à forma federativa de Estado sem simultânea ofensa à cláusula dos *direitos e garantias individuais*.

Corrobora essa ideia a constatação de que, com o propósito de realizar o ideal de separação de poderes, muitos foram os arranjos institucionais propostos e adotados ao longo do tempo, tendo todos eles mirado um ponto comum: o fim de proteger direitos. John Locke e Montesquieu foram os dois mais conhecidos teóricos modernos a discorrerem sobre o tema. Como observou Eros Grau em importante julgado, Locke propunha uma separação dual entre três poderes – o Legislativo, de um lado, e o Executivo e o Federativo, de outro. Montesquieu, de sua parte, sugeria não exatamente uma divisão ou separação, mas um equilíbrio entre poderes distintos – o Legislativo, o Executivo e o Judiciário.[8] Em ambos, de todo modo, as arrumações institucionais apresentadas não são autoevidentes e estanques, mas justificadas por um fim. Diz Locke: "todo poder confiado como um instrumento para se atingir um fim é limitado a esse fim, e sempre que esse fim for manifestamente negligenciado ou contrariado, isto implica necessariamente na retirada da confiança, voltando assim o poder para as mãos daqueles que o confiaram, que podem depositá-lo de novo onde considerarem melhor para sua proteção e segurança".[9] Montesquieu, por sua vez, anota: "A liberdade política, em um cidadão, é esta tranquilidade de espírito que provém da opinião que cada um tem sobre a sua segurança; e para que se tenha esta liberdade é preciso que o governo seja tal que um cidadão não possa temer outro cidadão. Quando, na mesma pessoa ou no mesmo corpo de magistratura, o poder legislativo está reunido

8. BRASIL. Supremo Tribunal Federal. ADI 3.367. Autor: Associação dos Magistrados Brasileiros. Relator: Ministro Cezar Peluso. Brasília, 13/04/2005.

9. LOCKE, John. *Segundo tratado sobre o governo civil e outros escritos.* Tradução: Magda Lopes e Marisa Lobo da Costa. Petrópolis: Vozes, 2001. 3. ed. p. 173.

ao poder executivo, não existe liberdade".[10] É como meio de contenção de poder e promoção da liberdade, portanto, que Locke e Montesquieu concebem a separação de poderes.

De tudo isso, infere-se que não existe uma noção apriorística de separação dos poderes. É a partir da sua positivação concreta num ordenamento jurídico e de seu vínculo com o fim de proteger direitos que o conceito deve ser entendido, o que se aplica, igualmente, à ideia de independência das instituições. Esse propósito de proteção de direitos, portanto, deve ser o fundamento axiológico a informar a análise de qualquer alteração institucional. Um arranjo institucional não é sagrado ou pétreo por si. Sua legitimidade ampara-se na aptidão de conter o arbítrio e de proteger direitos.

De qualquer sorte, embora a separação dos poderes e o federalismo configurem cláusulas pétreas autônomas, elas não esgotam os casos de proteção reforçada a instituições independentes. É dessa constatação que emerge a necessidade de uma *cláusula de independência* alicerçada diretamente nos *direitos e garantias individuais*, autônoma em relação às cláusulas da forma federativa de Estado e da separação de poderes. Há instituições cuja independência, embora inscrita na Constituição e importante para a tutela de direitos fundamentais, não está associada, pelo menos de modo direto, a essas cláusulas.

No plano constitucional brasileiro, o caso mais emblemático é o do Ministério Público. Por não ser poder, mas instituição autônoma, seu desenho institucional não é alcançado direta-

10. MONTESQUIEU, Charles Louis de Secondat. *O espírito das leis*. Tradução: Pedro Vieira Mota. São Paulo: Saraiva, 1998. 5. ed. p. 167-168.

mente pela proteção reforçada da cláusula pétrea da separação de poderes.[11] No entanto, considerando que foi confiada ao Ministério Público a tutela de uma infinidade de direitos fundamentais e que essa missão somente pode ser desempenhada com atuação independente, sem subordinação aos demais poderes, a independência da instituição não pode ser suprimida, sob pena de restarem desprotegidos os próprios direitos.

Cumpre notar que independência não significa impossibilidade de controles recíprocos entre as instituições. Como salientou Peluso em julgado paradigmático em que se decidiu que a criação do Conselho Nacional da Justiça não ofende a independência do Poder Judiciário, o próprio constituinte originário adotou diversos mecanismos de controle mútuo entre os poderes, como o veto presidencial, o *impeachment*, o controle judicial de constitucionalidade das leis, o controle das contas públicas pelo Poder Legislativo e pelos Tribunais de Contas, entre outros.[12] Instrumentos dessa natureza, no mesmo sentido da independência, buscam conter o arbítrio e proteger direitos. São eles especialmente importantes no caso do Poder Judiciário e do Ministério Público, cujos membros não são escolhidos pelo voto popular e não passam

11. Embora mudanças na feição constitucional do Ministério Público não afetem diretamente a cláusula da separação de poderes, é possível que a ofensa ocorra de modo reflexo. Imagine-se que o constituinte derivado decida transferir a titularidade da persecução penal para órgão integrante do Poder Executivo ou do Judiciário. A mudança promoveria tamanho fortalecimento desses poderes frente aos demais que significaria uma profunda alteração do conceito de separação de poderes originalmente concebido pelo constituinte. Seria, portanto, sob o ponto de vista dessa cláusula, uma medida de duvidosa constitucionalidade.

12. BRASIL. Supremo Tribunal Federal. ADI 3.367. Autor: Associação dos Magistrados Brasileiros. Relator: Ministro Cezar Peluso. Brasília, 13/04/2005.

pela *accountability* eleitoral a que estão sujeitos os integrantes do Legislativo e do Executivo.[13] O Conselho Nacional de Justiça e o Conselho Nacional do Ministério Público foram concebidos exatamente nesse sentido. Observe-se que não se trata aqui de subordinação da atividade finalística do Judiciário e do Ministério Público à chancela de outros poderes, o que subverteria o sistema de freios e contrapesos e acabaria por gerar concentração de poder. É o que ocorreria se, por exemplo, os conselhos passassem a contar com composições majoritariamente indicadas por outros poderes e lhes fossem conferidas funções de revisar sentenças e denúncias. O que aqui se propõe é refinar o sistema e reforçar a *accountability* sem amesquinhar a independência e sem gerar acúmulo de poder e arbítrio.

Trabalhemos com outro exemplo, relacionado a prerrogativas dos parlamentares. A Constituição Federal estabelece que os membros do Congresso Nacional "são invioláveis, civil e penalmente, por quaisquer de suas opiniões, palavras e votos". Trata-se de importante garantia relacionada à independência do Poder Legislativo. Como tal, ela recebe diretamente a proteção reforçada da cláusula pétrea da separação dos poderes. Considerando, no entanto, que essa cláusula tem uma função instrumental de proteção de direitos, qualquer proposta de alteração do dispositivo deve ser analisada tendo também como parâmetro a cláusula pétrea

13. Como observa Kerche, nos Estados Unidos da América, promotores são eleitos pelo voto popular em 45 dos cinquenta estados. Sua independência é alta, mas, "em compensação, a *accountability* é vertical e exercida diretamente pelos eleitores". KERCHE, Fábio. *O Ministério Público no Brasil: relevância, características e uma agenda para o futuro. Revista USP*, v. 101, p. 113-120, 2014. p. 117.

dos *direitos e garantias individuais*. Assim, uma modificação que, por exemplo, excepcionasse a imunidade parlamentar em casos de discursos racistas, mesmo que reduzisse em algum grau a independência do Legislativo, não ofenderia cláusula pétrea, pois estaria elevando, e não rebaixando, a tutela de direitos fundamentais.

Em resumo, a *independência* tem caráter pétreo não apenas quando associada às cláusulas da separação dos poderes e da forma federativa de Estado, mas também quando ela é condição para o regular exercício da função de tutela de um direito fundamental conferida pelo constituinte a uma instituição. Detectar essa condição requer, primeiro, identificar se uma instituição tem atribuições de promoção de direitos fundamentais e, em seguida, estabelecer um liame entre essas atribuições e o conjunto de garantias, prerrogativas e vedações que lhe são impostas e conformam sua independência. O reconhecimento desse liame é o que deve distinguir, de um lado, garantias e prerrogativas dotadas de caráter pétreo e, de outro, características de seu regime jurídico que têm mera natureza de vantagem corporativa e podem ser livremente alteradas ou mesmo suprimidas.

Por fim, não é qualquer mudança do grau de independência que ofende cláusula pétrea. Considerando que a independência é essencialmente instrumental, uma reforma constitucional que a atinja deve ser analisada tendo como parâmetro seu fim de proteção de direitos fundamentais. Assim, não há ofensa a cláusulas pétreas quando uma alteração, conquanto limite a independência institucional em alguma medida, reforça a tutela dos direitos.

4.3.3 Contramajoritariedade

Um componente essencial do constitucionalismo democrático é a ideia de governo da maioria. Não há constitucionalismo democrático sem instituições majoritárias escolhidas pelo voto popular, como é o caso, no Brasil, do Poder Executivo e do Poder Legislativo. Essa ideia pode ser extraída, sem maior dificuldade, do próprio texto constitucional, que dispõe que "todo o poder emana do povo, que o exerce por meio de representantes eleitos ou diretamente".

Todavia, o funcionamento do sistema exige também certo espaço para a *contramajoritariedade*. Sem instituições contramajoritárias, não é possível conceber proteção adequada aos direitos fundamentais, sobretudo aos titularizados por grupos vulneráveis, como indígenas, homossexuais, negros e presos, cujas demandas costumam ser consideradas impopulares e não encontram o amparo devido no processo político convencional.

No Brasil, são agentes essencialmente contramajoritários o Poder Judiciário e o Ministério Público.

Isso não significa que essas instituições devam simplesmente se bloquear para a opinião pública. Como bem anota Barroso, "o poder de juízes e tribunais, como todo poder político em um Estado democrático, é representativo. Vale dizer: é exercido em nome do povo e deve contas à sociedade".[14] Sua legitimidade, portanto, depende também, em alguma

---

14. BARROSO, Luís Roberto. *Constituição, Democracia e Supremacia Judicial: Direito e Política no Brasil Contemporâneo. Revista Eletrônica de Direito do Estado*, n. 16, 2009.

medida, da capacidade de corresponder aos sentimentos da soberania popular.

Ademais, como já se afirmou em momento anterior, nenhuma instituição é imune a mecanismos de controle e escrutínio democrático. O próprio constituinte originário, ao atribuir a poderes majoritários a escolha dos membros da cúpula do Poder Judiciário (ministros do Supremo Tribunal Federal) e do Ministério Público (procurador-geral da República), buscou promover alguma abertura dessas instituições à política majoritária, o que, pelo menos em tese, fortalece sua legitimidade democrática. A criação do Conselho Nacional de Justiça e do Conselho Nacional do Ministério Público, ao prever a presença de membros externos, veio no mesmo sentido.

No entanto, a necessária permeabilidade à opinião pública não pode se converter em submissão. O relativo insulamento do Poder Judiciário e do Ministério Público à política eleitoral não é um dado acidental, mas uma opção legítima do constituinte voltada a vocacioná-los para a proteção de direitos fundamentais diante de maiorias hostis. A propósito, mesmo o exercício da persecução penal, atribuído ao Ministério Público e ao Poder Judiciário e firmemente atado a uma série de garantias, envolve um componente contramajoritário e deve evitar se submeter ao clamor popular.

Nesse quadro, são vedadas, sob pena de vulneração dos direitos fundamentais, reformas constitucionais que subordinem à política majoritária instituições cuja natureza é essencialmente contramajoritária.

É o que ocorreria se, por exemplo, o Conselho Nacional de Justiça e o Conselho Nacional do Ministério Público tivessem suas composições alteradas de modo que passassem a contar com uma maioria de agentes indicados por poderes majoritários. Ambos os conselhos têm membros externos indicados pela Câmara dos Deputados e pelo Senado Federal. O Supremo Tribunal Federal, corretamente, entendeu que a emenda constitucional que instituiu o Conselho Nacional de Justiça com essa composição não viola cláusula pétrea.[15] Diferente seria o quadro, porém, se os membros designados pelo parlamento formassem maioria. Nesse caso, haveria risco de subordinação das instituições a poderes majoritários, o que desnaturaria sua contramajoritariedade.

Um segundo exemplo com que podemos trabalhar diz respeito à independência funcional dos membros do Ministério Público, consagrada expressamente no art. 127, § 1º, da Constituição Federal. É a independência funcional que assegura que cada membro atue segundo seu próprio entendimento jurídico, subordinado à Constituição e às leis, mas não a ordens de outros procuradores ou mesmo do procurador-geral. Isso não prejudica que se busque a harmonização da independência com a unidade, que é princípio institucional dotado de igual relevância. No entanto, o desenho constitucional do Ministério Público é incompatível com a subordinação da atuação de um procurador num caso concreto à vontade de outras instâncias internas ou do chefe da instituição. O constituinte originário definiu que a indicação do procurador-geral da República cabe ao titular do Poder Executivo. Trata-se, como já se disse, de uma abertura legítima da instituição a um critério político majoritá-

15. BRASIL. Supremo Tribunal Federal. ADI 3.367. Autor: Associação dos Magistrados Brasileiros. Relator: Ministro Cezar Peluso. Brasília, 13/04/2005.

rio. Submeter a atuação de cada procurador à possibilidade de revisão casuística pelo procurador-geral, no entanto, poderia transformar essa abertura em subordinação dos atos de todo o Ministério Público ao controle, ainda que por via oblíqua, de um poder majoritário, o que subverteria a natureza contramajoritária da instituição. Portanto, a implementação, pela via regulamentar, legal ou mesmo constitucional, de mecanismos internos de coordenação e revisão, voltados a realizar o princípio da unidade e a garantir maior efetividade e segurança jurídica na atuação ministerial, deve encontrar um limite na cláusula da contramajoritariedade.

Outra situação hipotética que podemos imaginar diz respeito à forma de recrutamento de membros do Poder Judiciário e do Ministério Público. O ingresso em ambas as instituições ocorre por meio de concurso de provas e títulos. Num país marcado por sérias desigualdades no acesso ao ensino, a adoção de um critério exclusivamente meritocrático para provimento das carreiras gera distorções, como o absoluto predomínio de uma elite masculina, branca e de orientação ideológica conservadora. Como bem definiu Ludmila Ribeiro em estudo sobre o Ministério Público, a figura do *procurador de gabinete* prevalece sobre o *procurador de fato*.[16] Esse fenômeno está associado ao que Boaventura de Sousa Santos, por sua vez, chama de *sociologia das ausências* e de *procura suprimida*, que consistem no afastamento entre o sistema de justiça e as classes populares, desalentadas pela "sua linguagem esotérica, pela sua presença arrogante, pela sua maneira cerimonial de vestir, pelos seus edifícios esmagadores,

16. RIBEIRO, Ludmila. *Ministério Público: Velha instituição com novas funções? Revista Crítica de Ciências Sociais*, n. 113, p. 51-82, 2017.

pelas suas labirínticas secretarias".[17] Nesse quadro, seja para democratizar o acesso às carreiras, seja para aproximar o Poder Judiciário e o Ministério Público do papel emancipatório que o constituinte lhes conferiu, são salutares medidas como a reserva de vagas para candidatos negros, instituída por resoluções do Conselho Nacional de Justiça e do Conselho Nacional do Ministério Público. É importante, além disso, abrir mais as provas de concursos e os cursos de formação a pautas humanísticas e a "conhecimentos culturais, sociológicos e econômicos que os esclareçam sobre as suas próprias opções pessoais e sobre o significado político do corpo profissional a que pertencem, com vista a possibilitar-lhes um certo distanciamento crítico e uma atitude de prudente vigilância pessoal no exercício das suas funções numa sociedade cada vez mais complexa e dinâmica".[18] Não seria possível, no entanto, a substituição do concurso de provas e títulos por outras formas de ingresso, como a eleição direta, que implicassem a sujeição de juízes e procuradores a critérios majoritários. Aqui não podemos deixar de lançar um olhar atento para a realidade. Como anota Friedrich Muller, a interpretação constitucional deve mirar não apenas o texto, mas também a realidade fática subjacente, isto é, o domínio empírico sobre o qual incide a normativa constitucional.[19] Não é difícil imaginar, na realidade brasileira, o quanto nefasta a escolha de promotores e juízes por eleições seria para a defesa de direitos

---

17. SANTOS, Boaventura de Sousa. *Para uma revolução democrática da justiça*. Coimbra: Almedina, 2014. p. 37-38.
18. SANTOS, Boaventura de Sousa. *Pela mão de Alice: o social e o político na pós--modernidade*. São Paulo: Cortez, 2003. 9ª ed. p. 174.
19. MULLER, Friedrich. *Métodos de trabalho do Direito Constitucional*. Tradução: Peter Naumman. São Paulo: Max Limonad, 1999. 2. ed. p. 45.

de minorias como povos indígenas, presos e homossexuais. Em matéria penal, igualmente, seria possível prever, com certa segurança, um recrudescimento incompatível com os valores civilizatórios mais elementares. Enfim, possíveis alterações na forma de recrutamento de membros do Poder Judiciário e do Ministério Público também precisam observar a cláusula da contramajoritariedade.

4.3.4 Capacidade institucional

A ideia de *capacidades institucionais* tem sido utilizada com crescente frequência no debate jurídico brasileiro. Ela é usada, em geral, como uma espécie de diretriz hermenêutica que recomenda que o ativismo e a autocontenção do Poder Judiciário sejam calibrados de acordo com a natureza do tema submetido à sua apreciação. Foi nessa acepção que se recorreu ao conceito em momento anterior.[20]

Agora, a noção de *capacidades institucionais* é invocada num novo sentido, qual seja: uma cláusula pétrea que veda redistribuições de funções ou mudanças nos perfis das instituições que impliquem o amesquinhamento de sua *expertise* e vocação para a proteção de direitos fundamentais.

Arguelhes e Leal anotam que o conceito de capacidades institucionais designa, na verdade, uma peça de uma engrenagem de um argumento mais geral, segundo o qual a avaliação do comportamento das instituições "deve levar a sério as capacidades *reais* de tomadores de decisão e os *efeitos dinâmicos*

20. Remete-se o leitor para o ponto 3.1.2.

relacionados à adoção de uma certa postura decisória".[21] De acordo com tal argumento, cuja formulação original é de Cass Sunstein e Adrian Vermeule, a questão central não consiste em "como, em princípio, um texto deveria ser interpretado", mas em "como certas instituições, com suas distintas habilidades e limitações, deveriam interpretar um determinado texto".[22] Dito de outro modo, já não se trata de saber "como se decide", mas "quem decide".

Nessa estrutura de raciocínio consequencialista mais geral, que combina *capacidades institucionais* e *efeitos dinâmicos*, casos individuais têm pouca relevância, pois se parte do pressuposto de que instituições inevitavelmente erram. O que importa é o resultado global do desenho institucional. Além disso, a determinação dos efeitos dinâmicos de diferentes possibilidades institucionais deve ser informada pelas habilidades e limitações de instituições reais, e não por abstrações, que desconsideram elementos empíricos que influenciam o resultado global.[23]

Como se pode ver, a determinação da capacidade institucional de um ator é atividade complexa que demanda a consideração de múltiplos fatores. Um fator é empírico e comporta inúmeras variáveis, como escassez de tempo, volume de trabalho, estrutura de apoio e formação dos membros de uma

---

21. ARGUELHES, Diego Werneck; LEAL, Fernando. *Dois problemas de operacionalização do argumento das "capacidades Institucionais". Revista de Estudos Institucionais*, v. 2, p. 192-213, 2016. p. 197.
22. Tradução livre de: SUNSTEIN, Cass; VERMEULE, Adrian. *Interpretation and Institutions. Michigan Law Review*, v. 101, 4, 2003.
23. ARGUELHES, Diego Werneck; LEAL, Fernando. *O argumento das "capacidades institucionais" entre a banalidade, a redundância e o absurdo. Direito, Estado e Sociedade*, n. 38, p. 06-50, 2011. p. 30-32.

instituição. Outro aspecto é o quadro normativo a que submetida uma instituição. Esse quadro não apenas a organiza e a molda, mas interfere nas suas escolhas. Após considerar esses e inúmeros outros elementos, Arguelhes e Leal chegam, então, à seguinte síntese: "uma comparação empiricamente informada sobre os custos e benefícios de se alocar, no agregado, a prerrogativa de resolução de um determinado problema a uma determinada instituição dentre várias instituições possíveis".[24]

A multiplicidade de fatores e a complexidade do argumento criam dificuldades, portanto, para juízos precisos no campo das comparações das capacidades institucionais. Muitas vezes simplesmente não é possível responder qual ator tem mais capacidade institucional para determinada função. Esse juízo é empírico, contextual e contingente. É inviável por meio de distinções puramente conceituais e clivagens teóricas.[25] Além disso, a definição da capacidade institucional pode esbarrar em problemas operacionais, como a escassez de informações confiáveis e a idealização, positiva ou negativa, de uma das instituições em exame. Não são incomuns, por exemplo, afirmações de que as agências reguladoras, por terem um aparato técnico específico, têm mais capacidade institucional do que o Poder Judiciário para lidar com determinados problemas. Afirmações desse tipo, no entanto, nem sempre são empiricamente embasadas ou consideram a possibilidade de captura das

---

24. ARGUELHES, Diego Werneck; LEAL, Fernando. *Dois problemas de operacionalização do argumento das "capacidades Institucionais". Revista de Estudos Institucionais*, v. 2, p. 192-213, 2016. p. 198.

25. ARGUELHES, Diego Werneck; LEAL, Fernando. *O argumento das "capacidades institucionais" entre a banalidade, a redundância e o absurdo. Direito, Estado e Sociedade*, n. 38, p. 06-50, 2011. p. 22.

agências por atores econômicos que integram o setor regulado.[26] Sunstein e Vermeule chamam esse fenômeno de *institucionalismo assimétrico*.[27]

Enfim, diante das dificuldades envolvidas no processo de comparação de capacidades institucionais, o constituinte derivado deve ter ampla liberdade para redesenhar as instituições e experimentar novos arranjos, sem que, para isso, precise romper com a Constituição. Somente em hipóteses restritas, em que, acima de dúvida razoável, a alteração proposta confere a tutela de um direito fundamental a uma instituição sem formação e vocação axiológica para o exercício da função, é legítimo bloquear o poder de reforma da Constituição.

Isso pode ocorrer, basicamente, de duas formas. Na primeira, a distribuição de funções prevista no texto constitucional é mantida, mas os requisitos para um cargo ou o perfil axiológico dos membros de uma instituição são alterados de tal modo que se inviabiliza o desempenho de seu papel.

Suponha-se a hipótese de emenda constitucional permitir que membros do Ministério Público e do Poder Judiciário acumulem suas atividades com o exercício da advocacia. Não é difícil imaginar o impacto nefasto que a medida teria sobre a capacidade institucional desses agentes, seja por problemas de escassez de tempo, seja pelas situações, às vezes pouco visíveis,

26. ARGUELHES, Diego Werneck; LEAL, Fernando. *Dois problemas de operacionalização do argumento das "capacidades Institucionais". Revista de Estudos Institucionais*, v. 2, p. 192-213, 2016. p. 202-204.

27. SUNSTEIN, Cass; VERMEULE, Adrian. *Interpretive Theory in its Infancy: A Reply to Posner*. Michigan Law Review, v. 101, 4, 2003. p. 975. Disponível em: https://repository.law.umich.edu/cgi/viewcontent.cgi?article=1792&context=mlr

de conflitos de interesse que se criariam. Uma infinidade de direitos fundamentais cuja tutela foi confiada a essas instituições restaria prejudicada. Nesse caso, portanto, a proposta de emenda esbarraria na cláusula pétrea da capacidade institucional.

Outro exemplo que podemos pensar diz respeito à composição dos tribunais. Imagine-se que uma emenda constitucional determinasse que parcela das cortes civis deve ser integrada por oficiais das Forças Armadas. Como se sabe, o processo de formação militar é voltado eminentemente para a preparação de bons combatentes. Solucionar controvérsias envolvendo direitos fundamentais é um múnus completamente estranho à formação castrense, não por algum defeito dessa, mas por sua natureza. Seria, pois, violadora de cláusula pétrea uma alteração constitucional dessa natureza.

A segunda forma de transgressão das capacidades institucionais por emenda consiste em transferir uma atribuição de tutela de um direito fundamental para instituição cujos fins e perfil são completamente divorciados daquela função.

Seria o caso, na prática análogo ao exemplo recém referido, de transferir-se para cortes militares a competência para julgamento de crimes comuns. Observe-se que um magistrado de um tribunal militar tem as mesmas garantias, prerrogativas e vedações de qualquer membro do Judiciário. A instituição competente para julgamento (e, portanto, para tutela dos direitos envolvidos no caso concreto) continuaria *existindo*, com a mesma envergadura anterior, assim como, em tese, com idêntica *independência* e *contramajoritariedade*. A mudança de competência, portanto, não violaria as três cláusulas abordadas nas seções anteriores. No entanto, na medida em que tribunais militares têm um *ethos* próprio, distinto dos tribunais convencionais, a emenda esbarraria na cláusula da *capacidade institucional*. A propósito, perceba-se que organismos e cortes internacionais já reconheceram, em diversas ocasiões, a impossibilidade de civis serem julgados por tribunais militares.[28]

Convém ainda observar que, em todas essas operações de análise das capacidades institucionais, a Constituição é o guia central. Ela "não se resume a um simples projeto de arquitetura que distribui formalmente competências, fixa as funções de cada instituição e as conforma por meio de regras". Muito mais do que isso, trata-se do "principal referencial normativo para a manutenção da coerência do sistema jurídico nas tentativas de harmonizar conflitos interinstitucionais (...)". Nessa perspectiva, "o argumento das capacidades institucionais é essencialmente um argumento de natureza constitucional que conjuga entre os seus pressupostos um tipo de leitura funcionalista da divisão de poderes com os ideais regulativos de unidade do poder estatal e de compromisso interinstitucional em torno de fins constitucionalmente estabelecidos".[29]

Finalmente, cabe registrar que o sentido aqui sugerido para capacidades institucionais não é redundante, o que ocorre quando se recorre à ideia "simplesmente para fazer referência

28. O *leading case* da Corte Interamericana de Direitos Humanas sobre o tema é o caso *Castillo Petruzzi vs. Peru*, de 1999. ORGANIZAÇÃO DOS ESTADOS AMERICANOS. Corte Interamericana de Direitos Humanos. Caso Castillo Petruzzi e outros Vs. Peru. Fondo, Reparaciones y Costas. Sentencia de 30 de mayo de 1999. Serie C, n. 52. Disponível em: http://www.corteidh.or.cr/docs/casos/articulos/seriec_52_esp.pdf.

29. ARGUELHES, Diego Werneck; LEAL, Fernando. *O argumento das "capacidades institucionais" entre a banalidade, a redundância e o absurdo. Direito, Estado e Sociedade*, n. 38, p. 06-50, 2011. p. 18-19.

a categorias teóricas ou dogmáticas já conhecidas", como a separação de poderes.[30] A cláusula proposta não se esgota na noção de separação de poderes, uma vez que alcança situações intrainstitucionais não abrangidas por essa última, como bem ilustra o exemplo da transferência de competências para a Justiça militar. Tampouco a ideia de *expertise* tem a abrangência do conceito de capacidade institucional. A *expertise* tem uma conformação fundamentalmente técnica. A capacidade institucional requer *expertise*, mas exige também que a tutela de um direito fundamental seja confiada a um agente com vocação axiológica, fator cuja aferição demanda um exame empírico.

Por último, convém repisar que na maior parte dos casos o constituinte originário não especifica a instituição incumbida da tutela do direito fundamental, o que confere ao constituinte derivado e ao legislador maior margem para apreciar e estabelecer o arranjo institucional que entendem mais conveniente. Nesses casos, de todo modo, assim como não podem deixar de entregar a tutela do direito a alguém, tampouco podem atribuí-la a instituição sem *expertise* ou vocação axiológica.

É o caso, por exemplo, de transferir-se o procedimento de demarcação de terras indígenas, hoje a cargo da Fundação Nacional do Índio, para um ministério que, por sua natureza, é subordinado a pautas de grandes produtores rurais. Não há uma vedação abstrata e apriorística a modificações na titularidade dos procedimentos demarcatórios. No entanto, viola a cláusula da capacidade institucional a constatação, empiricamente in-

30. ARGUELHES, Diego Werneck; LEAL, Fernando. *O argumento das "capacidades institucionais" entre a banalidade, a redundância e o absurdo. Direito, Estado e Sociedade*, n. 38, p. 06-50, 2011. p. 30.

formada, de que a mudança busca submeter o procedimento, o qual deveria buscar realização de um direito fundamental de um grupo minoritário, a interesses de um adversário desse grupo.

Outra situação concreta sobre a qual podemos pensar diz respeito à transferência de atribuições que têm relação com a tutela do direito ao meio ambiente - o qual tem natureza de direito fundamental – para pastas cujas funções envolvem certo tensionamento da proteção ambiental. A ideia de capacidade institucional foi, inclusive, invocada pelo Ministério Público ao se manifestar favoravelmente a ação que questiona a transferência do poder de concessão de florestas públicas do Ministério do Meio Ambiente para o Ministério da Agricultura. Segundo o Ministério Público, esse poder "é incompatível com a natureza e com as competências" do Ministério da Agricultura, que "carece de capacidade institucional para o desempenho da função".[31]

4.4 Comentários finais: limites, superação e utopia

A proposta deste trabalho foi construir um sistema teórico capaz de indicar quais características das instituições em geral, devido a uma relação instrumental com os direitos fundamentais, não podem ser suprimidas ou mesmo modificadas pelo

31. Trata-se de ação popular que questiona a validade do decreto 10.347/2020. O pedido foi julgado procedente em primeira instância, mas a tutela de urgência deferida foi revertida por decisão da presidência do Tribunal Regional Federal da 1ª Região em sede de suspensão de liminar. A manifestação do Ministério Público Federal em primeira instância foi subscrita pelo autor deste trabalho. BRASIL. Justiça Federal. 1ª Vara Federal da Seção Judiciária do Pará. Ação popular 1013760-70.2020.4.01.3900. Belém, 08/07/2020.

constituinte derivado ou pelo legislador, configurando, assim, o que chamamos de *cláusulas pétreas institucionais*.

A implementação do modelo, todavia, ocorre não sem se deparar com uma série de dificuldades e limites, que precisam ser explicitados e enfrentados.

Os principais limites estão associados à importação de um marco teórico de origem sobretudo norte-americana – a obra de John Rawls – e de um instituto eminentemente europeu – as cláusulas pétreas – para desenvolvimento de uma teoria constitucional num país latino-americano, pluriétnico e multicultural.

Como Borges e Ferraz Junior observam em obra seminal, o Brasil é um país marcado pela colonialidade do saber jurídico. A construção do Direito positivo, da teoria e do imaginário jurídico brasileiros ocorreu predominantemente a partir de transplantes e assimilações de categorias europeias. Parece-nos que esse fenômeno ocorreu tanto deliberadamente - conduzido por europeus, a serviço histórico, econômico e político dos projetos de suas potências coloniais, e não como meros *reflexos, extensões territoriais* ou *ideias fora do lugar* – quanto de modo menos consciente – por meio da importação, especialmente pelos bacharéis do Império e da República Velha, de uma perspectiva eurocêntrica novecentista incompatível com as peculiaridades nacionais.[32] Tal processo, vale dizer, nunca cessou, e ainda hoje são comuns transposições irrefletidas de institutos estrangeiros que nem sempre se ambientam bem à realidade brasileira.

---

32. BORGES, Guilherme Roman; FERRAZ JUNIOR, Tercio Sampaio. *A superação do Direito como norma: uma revisão descolonial da Teoria do Direito brasileiro*. São Paulo: Almedina, 2020. p. 53-54, 63.

Nessa medida, a cultura jurídica nacional é gravada por um senso comum, produto do colonialismo, de tal modo enraizado e naturalizado, que se torna supostamente neutro, quando, no fundo, tem acentuada carga ideológica. Como se tivessem sido sempre assim, *tradições inventadas* por repetições, continuidades, evocações gloriosas do passado e exaltações a categorias estrangeiras tornam-se dogmas imunes a questionamentos.[33]

Embora esse modelo possa bem servir ao centro, não é adequado à periferia, "ignorada em suas idiossincrasias". Dessa constatação emerge a necessidade de um *giro descolonial*, que torne a teoria jurídica apta a ler nossa diversidade cultural, étnica e ética. É preciso interrogar tradições, "estimular o pensamento a ultrapassar limites, distanciar-se das margens, abandonar corrimãos, esquecer pontos de partida".[34]

O *giro descolonial* supõe diversas medidas. Borges e Ferraz Junior sintetizam-nas em quatro proposições metodológicas. Cabe aqui destacar o que os autores chamam de *entrecruzamento típico*. Trata-se de "revisitar gradualmente os institutos jurídicos pátrios existentes e passá-los (...) por um 'filtro descolonial', na tentativa de resgatar o que há de brasileiro, o que há de concordância com a realidade multicultural e pluriétnica brasileira ao tempo que separar e excluir ou modificar o que é meramente eurocentrismo e em nada condiz com o amálgama cultural nacional". Não se pretende a destruição e o reinício de

---

33. BORGES, Guilherme Roman; FERRAZ JUNIOR, Tercio Sampaio. *A superação do Direito como norma: uma revisão descolonial da Teoria do Direito brasileiro.* São Paulo: Almedina, 2020. p. 54 e 124.
34. BORGES, Guilherme Roman; FERRAZ JUNIOR, Tercio Sampaio. *A superação do Direito como norma: uma revisão descolonial da Teoria do Direito brasileiro.* São Paulo: Almedina, 2020. p. 13 e 113.

tudo, mas "algo como os alemães têm feito hoje, por exemplo, com edifícios em Frankfurt (quase integralmente destruída na guerra) que foram construídos funcional e rapidamente após a guerra, mas que hoje estão sendo derrubados e reconstruídos tal como o eram no período pré-guerra". É certo que a construção nunca será a mesma, inclusive porque hoje deve obedecer a normas de segurança, de urbanismo e acessibilidade antes inexistentes. O que se tem é uma *reconstrução nova*. É isso que se propõe aos institutos jurídicos brasileiros: "é preciso revê-los sem destruí-los completamente, é preciso abandonar os sensos comuns sedimentados e reorganizá-los pelo filtro descolonial ao lado da multiculturalidade e da multietnicidade do Brasil".[35]

Essas breves reflexões descoloniais são importantes na medida em que este trabalho, ao lançar mão de um marco teórico e de um instituto predominantemente estrangeiros, corre riscos colonizadores. A pretexto de construir uma teoria crítica que busca prestigiar os direitos fundamentais, o trabalho pode estar, na verdade, apenas importando estrangeirismos, promovendo assimilações e transplantes irrefletidos. Outro risco, menos grave, consiste na possibilidade de o modelo construído não ser uma nova teoria crítica, mas apenas um *desdobrar epistemológico* de teorias críticas já consolidadas.[36]

---

35. BORGES, Guilherme Roman; FERRAZ JUNIOR, Tercio Sampaio. *A superação do Direito como norma: uma revisão descolonial da Teoria do Direito brasileiro.* São Paulo: Almedina, 2020. p. 159.

36. BORGES, Guilherme Roman; FERRAZ JUNIOR, Tercio Sampaio. *A superação do Direito como norma: uma revisão descolonial da Teoria do Direito brasileiro.* São Paulo: Almedina, 2020. p. 12.

Não se tem uma solução definitiva para essas problematizações. De todo modo, é possível – e necessário - esboçar algumas respostas.

Quanto à adoção da proposta teórica rawlsiana, como já se afirmou em outro momento[37], trata-se do mais exitoso trabalho da teoria política em oferecer justificativas para a existência de cláusulas pétreas e em indicar elementos que devem ser contemplados por elas. Ademais, não nos parece uma proposta anacrônica. A *teoria da justiça* de Rawls foi construída ao longo de mais de vinte anos, entre as décadas de 1970 e 1990, em um processo de muitos refinamentos teóricos e autocríticas. Perceba-se, ainda, que, ao contrário de uma teoria como a de Alexy (assumidamente uma teoria dogmática da Constituição alemã) ou como a de Ackerman (explicitamente centrada nas peculiaridades da experiência dos Estados Unidos), a obra de Ralws tem pretensões de universalidade e a ela é muito cara a ideia de pluralismo, de modo que sua proposta não é incompatível com nossa realidade pluriétnica e multicultural.

Em suma, a proposta de Rawls, apesar da origem norte-americana do autor, não está fora de tempo e tampouco de lugar no constitucionalismo brasileiro.

Quanto à importação de um instituto de origem estrangeira como as cláusulas pétreas e à sua análise a partir de experiências e categorias muitas vezes também estrangeiras, não poderia ser muito diferente. É claro que o estudo de outras trajetórias constitucionais, além dos casos dos Estados Unidos da América e da Alemanha, poderia enriquecer o trabalho. O

37. Ver capítulo 2.3.3.2.4.

caso português, no qual as cláusulas pétreas passaram por dupla revisão, é especialmente interessante. Da mesma forma, países como África do Sul, Bolívia, Colômbia e Índia têm vivido experiências seguramente capazes de oferecer uma série de contribuições. De todo modo, o fato é que as experiências dos Estados Unidos da América e da Alemanha de Weimar têm uma dimensão paradigmática que as torna imprescindíveis. A disseminação das cláusulas pétreas, aliás, deve-se muito à tragédia totalitária que destruiu a República de Weimar, em cujas *origens* está a fragilidade constitucional extrema. As cláusulas pétreas não são, portanto, uma tradição inventada, mas instituto derivado de experiências políticas reais e com forte vocação de contenção do arbítrio.

Noutro giro, não há dúvida de que é necessário, e possível, lançar um olhar descolonial sobre as cláusulas pétreas. De certa forma, já é isso o que fazemos quando, ao buscarmos um significado para a cláusula dos *direitos e garantias individuais*, defendemos que elas não se limitam aos chamados direitos fundamentais de primeira dimensão, exegese que poderia ser conveniente num país escandinavo, mas que não contempla os desafios de uma Constituição num país desigual, pluriétnico e multicultural como o Brasil. Um olhar descolonial sobre o tema, pois, pode demandar o fortalecimento e a ampliação – e não a restrição ou o descarte – das cláusulas pétreas.

Dito de outro modo, em vez de se tachar a Constituição brasileira como intrinsecamente colonizadora ou, como recentemente fez Bruce Ackerman[38], de sugerir sua superação,

38. ACKERMAN, Bruce. *O Brasil precisa de uma nova Constituição.* Correio Braziliense, Brasília, 13/07/2020. Disponível em: https://www.correiobraziliense.

é possível, ao contrário, instrumentalizá-la em favor de um projeto emancipatório e descolonial.

A Constituição brasileira, mais do que compromissária, foi um *pacto maximizador*[39], que contemplou em seu texto, com detalhes, tanto interesses progressistas quanto conservadores. Mas é inegável o seu compromisso com os direitos humanos, com valores e instituições democráticas, com o pluralismo político e cultural, o que a torna surpreendentemente avançada. Sem desconsiderar, portanto, a necessidade de modificá-la naquilo que ela tem de defeituosa, trata-se de uma Constituição que pode muito bem ser explorada pelos setores críticos e marginalizados.

A essa constatação de que o significado da Constituição "é também definido historicamente, por meio de disputas, interpretações, usos e apropriações"[40], e de que no Brasil ela oferece perspectivas até promissoras ao campo progressista, é preciso agregar, como observado por Boaventura de Sousa Santos, que "as possibilidades não jurídico-judiciais de transformação social estão por agora bloqueadas. Não está na agenda política a revolução. Tampouco parece estar na agenda política o socialismo".[41]

---

com.br/app/noticia/opiniao/2020/07/13/internas_opiniao,871622/o-brasil-precisa-de-nova-constituicao.shtml.

39. VIEIRA, Oscar Vilhena. *A constituição e sua reserva de justiça: um ensaio sobre os limites materiais ao poder de reforma.* São Paulo: Malheiros, 1999. p. 27.

40. BUSTAMANTE, Thomas et al. *Por que substituir a Constituição de 1988 não é uma boa ideia. Jota*, Brasília, 01/08/2020. Disponível em: https://www.jota.info/opiniao-e-analise/artigos/por-que-substituir-a-constituicao-de-1988-nao-e-uma-boa-ideia-01082020.

41. SANTOS, Boaventura de Sousa. *Para uma revolução democrática da justiça.* Coimbra: Almedina, 2014. p. 37.

Ao contrário, as ameaças mais sérias ao projeto constitucional têm propósitos reacionários e colonizadores.

Nessa medida, a manutenção do núcleo axiológico da Constituição, longe de representar um bloqueio conservador, é condição de sobrevivência de qualquer utopia progressista. É possível prever com certa segurança que eventual mudança desse núcleo produziria retrocessos medievalescos, e não avanços descoloniais. Por paradoxal que seja, portanto, na quadra histórica que estamos atravessando, nada parece mais revolucionário do que defender, com todos os seus limites, a Constituição de 1988, suas cláusulas pétreas e instituições.

Conclusões

Neste momento, são sintetizados os principais pontos deste trabalho. Trata-se de uma retomada, senão repetição mesmo, de trechos mais relevantes, o que, de todo modo, tem uma importante função conclusiva e sistematizadora.

1. Tanto as pretensões de *permanência* do projeto constitucional quanto a necessidade de sua *adaptabilidade* têm em seu favor diversos argumentos. Associado a essa tensão - entre permanência e adaptabilidade – existe outro conflito: entre *constitucionalismo* e *democracia*.

2. O constitucionalismo é um ideário que preconiza a limitação do poder político em favor dos direitos dos cidadãos. Alguns institutos têm se tornado hegemônicos como meios de promoção do constitucionalismo. São exemplos notáveis a noção de separação de poderes, as cláusulas pétreas e o controle de constitucionalidade. Ocorre que, por vezes, institutos como as cláusulas pétreas – por meio das quais uma geração limita o conteúdo das deliberações de uma geração futura – e o controle de constitucionalidade – que atribui a indivíduos não eleitos o poder de invalidar decisões tomadas por representantes eleitos – se chocam com a noção de democracia.

3. Em busca de uma solução conciliatória das tensões que se apresentam – entre permanência e adaptabilidade, entre constitucionalismo e democracia – é conveniente o exame de algumas experiências constitucionais específicas, notadamente dos casos dos Estados Unidos da América e da Alemanha de Weimar, os quais têm uma importante dimensão paradigmática. Por meio de um *juízo retrospectivo* dessas trajetórias constitucionais, é possível esboçar um *juízo prospectivo* sobre rigidez constitucional e promoção do constitucionalismo e da democracia.

4. A Constituição norte-americana é um caso paradigmático dos problemas que a rigidez constitucional extrema pode gerar. A Constituição alemã de Weimar, por sua vez, é uma expressão de inconvenientes associados à falta de rigidez constitucional. Os exemplos confluem para a conclusão de que tanto o excesso quanto a falta de rigidez constitucional tendem a ser nocivos, de modo que o projeto constitucional, seja ao ser concebido, seja ao ser implementado pelas instituições e pela sociedade ao longo do tempo, deve buscar um padrão de rigidez que compatibilize o direito de uma geração se autogovernar com a necessidade de retirar certos direitos fundamentais da agenda política cotidiana. Em termos bastante esquemáticos, pode-se sustentar que a petrificação constitucional: (a) bloqueia indevidamente a adaptação da Constituição a inevitáveis mudanças e evoluções de uma sociedade; (b) impede que se corrijam falhas do projeto original; (c) estimula rupturas, isto é, situações em que o debate democrático e o critério majoritário dão lugar à ameaça e à violência; (d) potencializa o risco de a atualização da Constituição, devido às dificuldades de emendá-la, acabar sendo feita por meios informais, vulneráveis ao decisionismo e à anarquia metodológica, por atores não eleitos, carentes de

legitimidade democrática. Por seu turno, a flexibilidade constitucional: (a) torna direitos humanos e institutos voltados à sua proteção muito vulneráveis ao poder corrosivo de maiorias circunstanciais; (b) permite que regimes autoritários sejam construídos com certa discrição e amparo em uma retórica de respeito aos meios formais de modificação constitucional; (c) é característica associada à legalidade totalitária, cuja nota fundamental é o primado do movimento e, portanto, a possibilidade de permanente alteração do ordenamento jurídico.

5. O ocaso da Constituição de Weimar, muito flexível, trouxe à tona a necessidade de reconstrução dos direitos humanos a partir de nova perspectiva e novos instrumentos de proteção. Os padrões e categorias que compunham a tradição ocidental e todo o instrumental de proteção de direitos humanos então disponível revelaram-se inadequados para lidar com um fenômeno como o totalitarismo. Entre novos instrumentos dc proteção contra ameaças autoritárias, institutos associados a uma maior rigidez da Constituição, como as cláusulas pétreas, irromperam com importância.

6. Casos relevantes de ataques sistemáticos a direitos fundamentais – seja, por exemplo, a escravidão nos Estados Unidos, seja a ascensão do nazismo na Alemanha – contaram com a colaboração das instituições em geral e em especial do sistema de justiça. Instituições vocacionadas à proteção de direitos fundamentais, portanto, são instrumentos que merecem proteção reforçada.

7. A teoria jurídica esboçou diversos tipos de reação à tragédia nazista. No âmbito jusfilosófico, assistiu-se a um rápido, ainda que fugaz, renascimento do jusnaturalismo. No terreno dogmático, relacionado à reação jusfilosófica, passou-se a sus-

tentar a necessidade de Constituições mais substantivas, nas quais os direitos fundamentais devem ter centralidade e impor dificuldades para sua própria destruição. Cláusulas pétreas são o instituto principal nessa empreitada. A partir do exemplo da Lei Fundamental alemã de 1949, elas se disseminaram e passaram a ser adotadas por inúmeros países.

8. Conquanto as cláusulas pétreas sejam instituto amplamente disseminado, não são poucas e tampouco irrelevantes as dificuldades que elas suscitam. (a) A primeira dificuldade, mais evidente, consiste num problema de democracia intergeracional. Rememora-se aqui, ilustrando o problema, a proposta de Thomas Jefferson, nos debates que precederam a promulgação da Constituição norte-americana, de que se realizasse uma convenção constituinte a cada dezenove anos, a fim de evitar um "governo dos mortos sobre os vivos". (b) Uma segunda dificuldade reside no fato de que, nos arranjos institucionais que passaram a prevalecer, é função do Poder Judiciário, composto por membros não eleitos, o controle de constitucionalidade de atos normativos emanados de poder escolhido pelo voto popular. (c) Uma terceira dificuldade está no risco de arbítrio e decisionismo que decorre da atribuição do controle de constitucionalidade de emendas a um poder que vem se utilizando de técnicas de decisão e de interpretação muitas vezes carentes de qualquer rigor metodológico e da possibilidade de escrutínio democrático.

9. Diversas linhas de justificação foram desenvolvidas como respostas teóricas a essas e outras dificuldades. A adoção de uma ou outra linha pode implicar formas muito diferentes, mais ampliativas ou restritivas, de interpretar e aplicar as cláusulas

pétreas. Merecem destaque as linhas de justificação associadas às ideias de *origem popular*, *pré-compromisso* e *neocontratualismo*.

10. Embora engenhosas e úteis para a compreensão do fenômeno constituinte, as linhas de justificação amparadas nas ideias de *origem popular* e *pré-compromisso*, desenvolvidas, em especial, nas obras de Bruce Ackerman e Jon Elster, não respondem de modo adequado às dificuldades que as cláusulas pétreas despertam.

11. O *neocontratualismo rawlsiano* é a proposta teórica mais exitosa em oferecer justificativas para a existência de cláusulas pétreas e em indicar elementos que devem ser contemplados por elas. Ainda que não respondam a todos os problemas, os *princípios de justiça* e os *elementos essenciais* rawlsianos – dos quais se pode extrair um conteúdo para as cláusulas pétreas – não são valores transcendentes derivados da natureza, mas resultados de um procedimento conduzido pela razão humana. Assim, Rawls supera inconsistências importantes do Direito Natural, incompatível com uma sociedade pluralista e democrática. Por outro lado, sua construção não é meramente procedimental, na medida em que o procedimento é, na verdade, um meio de assegurar que seres humanos livres e iguais se associem sem se tornar instrumentos uns dos outros. Há, portanto, uma *ética substantiva* permeando sua teoria. O autor, desse modo, supera também fragilidades do utilitarismo e de outras teses relativistas.

12. A partir de uma leitura rawlsiana, as cláusulas pétreas de um ordenamento jurídico não devem ser entendidas como instrumentos de bloqueio absoluto de mudanças, mas como uma proteção reforçada a direitos fundamentais e elementos sem os quais não há sentido em fazer parte de uma comunidade

política. Entre esses elementos devem estar instituições aptas a bloquear violações a direitos.

13. Empreendida a justificação sobre a legitimidade da previsão de cláusulas pétreas e indicados alguns elementos que devem ser por elas contemplados, é necessário enfrentar controvérsias dogmáticas e metodológicas suscitadas pelas cláusulas efetivamente previstas no Direito positivo brasileiro, especialmente pela cláusula dos *direitos e garantias individuais*, que é a que mais desperta problemas e polêmicas. Os problemas começam com a própria postura do Poder Judiciário no delicado exercício da função de invalidar emendas constitucionais por ofensas a essa cláusula. Entende-se que a escolha por uma postura de mais responsividade ou deferência do Poder Judiciário no desempenho de tal função deve decorrer, fundamentalmente, do desenho institucional feito pela soberania popular. No Brasil, assim como no mundo pós-guerra em geral, esse desenho fortaleceu o Poder Judiciário e atribuiu-lhe funções contramajoritárias e de proteção de direitos fundamentais, as quais, no entanto, devem ser exercidas sem usurpar funções de outros poderes e em consonância com valores democráticos e com a ideia de governo da maioria. Nesse quadro, a proposta é que o ativismo, inevitável e reclamado pela própria Constituição, seja exercido observando vários parâmetros limitadores, tais como: (a) o Poder Judiciário deve atuar em uma área de *neutralidade política*, isto é, conduzido pela ideia de *razão pública*; (b) a deferência judicial deve ser calibrada de acordo com o *grau de legitimidade democrática* do ato normativo cuja constitucionalidade é questionada; (c) o Poder Judiciário deve atuar com extremo *rigor metodológico*; (d) o Poder Judiciário deve considerar as *capacidades institucionais* do agente que editou

o ato impugnado; (e) a intensidade do ativismo deve corresponder à *carga axiológica* do direito cuja tutela é buscada em juízo; (f) direitos fundamentais têm um *núcleo essencial* imune a intervenções.

14. Todo direito fundamental é restringível, e emendas constitucionais, como qualquer norma jurídica, podem impor restrições a direitos fundamentais. Em tema de restrições a direitos fundamentais, portanto, prevalece a chamada *teoria externa*. Quanto aos limites das restrições, embora não exista um catálogo doutrinário único, há certo consenso na centralidade atribuída à ideia de proteção do *núcleo essencial*.

15. A identificação do *núcleo essencial* de um direito deve considerar tanto aspectos objetivos, abstratos e gerais quanto subjetivos, concretos e individuais. Além disso, compreende-se que o núcleo essencial configura um conteúdo fixo independente de ponderação, um último reduto de proteção absolutamente insuperável, aderindo-se, portanto, à chamada *teoria absoluta*. Embora seja importante refinar metodologicamente essa proposta teórica, de modo a diminuir a margem de decisionismo do processo de delimitação do núcleo essencial, a possibilidade, cogitada pela *teoria relativa*, de que um direito seja reduzido a nada importa em afirmar que, na verdade, não existe núcleo essencial, o que configura um problema insuperável. Não se concorda com respeitáveis entendimentos doutrinários que apontam que isso é um problema menor no Brasil – pois, diferentemente de outros países, nosso país não teria adotado de forma expressa a garantia da proteção do núcleo essencial - ou que qualquer eventual dispositivo constitucional associado ao tema do núcleo essencial tem valor meramente declaratório - na medida em que sua proteção independeria de previsão expressa

e já decorreria da ideia de proporcionalidade. O enunciado que proíbe *emenda tendente a abolir* determinados direitos e institutos criou uma salvaguarda que faz as vezes da ideia de núcleo essencial. Do texto adotado decorre uma proteção a um núcleo instransponível que seria diferente caso a redação do texto fosse outra.

16. A doutrina costuma tratar em tópicos separados as discussões sobre o alcance material (se abrange apenas direitos de primeira dimensão ou também direitos de outras dimensões) e o alcance formal (se abrange apenas os direitos do catálogo do art. 5º ou também outros direitos espalhados pelo texto constitucional) da noção de *direitos e garantias individuais*. As questões, no entanto, estão entrelaçadas, e as respostas a ambas dependem de uma mesma premissa, consistente em saber o que precisamente configura um direito como fundamental. Se entendermos que não é a localização no texto constitucional que configura ou desconfigura a fundamentalidade de um direito, logicamente também não pode ser o pertencimento a uma ou outra dimensão, mera categoria didático-acadêmica, o fator a ensejar a proteção reforçada do art. 60, § 4º. Entende-se que a identificação da fundamentalidade de um direito demanda um *exercício axiológico*, a ser presidido pela ideia de dignidade da pessoa humana, composta pelos seguintes elementos: *valor intrínseco da pessoa*, *autonomia*, *mínimo existencial*, *reconhecimento* e *igualdade*. Se um direito estiver contemplado por um desses elementos, é fundamental; se, ao contrário, não tiver com eles nenhuma relação, não é fundamental. A partir desse exercício, é possível concluir que não apenas os direitos fundamentais de primeira dimensão, mas os de todas as dimensões, integram a noção de *direitos e garantias individuais* inscrita como cláusula

perene na Constituição. Tais direitos não se encontram apenas num título ou capítulo específico da Constituição, mas espalhados por todo o seu texto. Por outro lado, nenhum título ou capítulo contém exclusivamente direitos fundamentais imunes a alterações. Além disso, o texto constitucional estabelece uma proteção especial não só aos direitos, mas também às suas garantias, institutos que têm uma relação instrumental com os direitos.

17. A obra de Robert Alexy, embora seja uma teoria dogmática da Constituição alemã, traz contribuições importantes ao debate brasileiro sobre direitos fundamentais. Segundo o professor alemão, normas de direitos fundamentais são não apenas normas expressas num rol específico, mas também *normas atribuídas* - a partir de relações de *refinamento* e *fundamentação* - àquelas normas estabelecidas diretamente pelo texto da Constituição. Essa abertura do conceito de normas de direitos fundamentais torna possível nele inserir normas relativas a instituições incumbidas de promover e proteger os direitos.

18. Parte relevante da obra de Alexy focaliza os chamados *direitos a prestações*, entre os quais merecem destaque os *direitos a proteção* e os *direitos a organização e procedimento*. Desses direitos, extraídos diretamente da Constituição ou de pontos de apoio nela existentes, decorre uma série de imposições à estrutura institucional do Estado.

19. Dito tudo isso, é possível, finalmente, desenvolver algumas *cláusulas pétreas institucionais*, isto é, características das instituições em geral que, devido a uma relação instrumental com os direitos fundamentais, são cláusulas pétreas e recebem uma proteção reforçada, não podendo ser suprimidas ou modificadas de modo a ameaçar a sobrevivência desses direitos. Tais

características podem estar presentes em uma instituição específica ou em mais de uma e buscam configurar um sistema capaz de impedir um desarranjo institucional que coloque em risco os direitos fundamentais. O ordenamento, globalmente considerado, deve assegurar espaço suficiente a essas características.

20. Algumas regras gerais orientam a operacionalização de todas as cláusulas pétreas institucionais apresentadas: (a) em regra, o constituinte derivado é livre para modificar o arranjo institucional do Estado; (b) qualquer cláusula pétrea institucional pressupõe uma relação da instituição com a proteção de direitos fundamentais; (c) a instituição cuja característica é protegida por uma cláusula pétrea institucional não necessariamente tem previsão expressa no texto constitucional; (d) a análise de uma mudança institucional deve levar em consideração os resultados globais, e não pontuais, por ela produzidos sobre os direitos fundamentais.

21. A cláusula pétrea institucional da *existência* consiste na ideia de que, embora o constituinte derivado tenha liberdade para redesenhar as instituições, não pode retirar a atribuição de tutela de um direito fundamental de um agente e não conferi-la a ninguém ou entregá-la a instituição cuja envergadura não propicie uma proteção adequada ao direito. Essa análise deve levar em conta tanto a envergadura constitucional-legal, extraída do Direito positivo, quanto a envergadura efetiva, identificada no poder real de uma instituição e associada, entre outros fatores, à sua estrutura administrativa, pessoal e orçamentária. Cumpre notar que, na maior parte dos casos, o constituinte originário não especifica a instituição incumbida da tutela de um direito fundamental. Nessas hipóteses, o constituinte derivado e o legislador têm maior margem para apreciar e estabelecer o arranjo

institucional que entendem mais conveniente. Mas não podem deixar de conferir a tutela do direito a algum agente.

22. A independência é atributo institucional que visa assegurar que a distribuição de poderes e funções estatais ocorra não apenas de modo retórico, mas no plano da realidade. Seria inócuo dividir o poder entre diversos agentes mas, na prática, subordinar um agente a outro. A independência de uma instituição está associada ao conjunto de garantias e prerrogativas conferidas aos seus integrantes, bem como às vedações que lhes são impostas. Nessa medida, a cláusula pétrea institucional da *independência* veda que o conjunto de garantias, prerrogativas e vedações relacionado ao exercício independente de uma função de promoção de direito fundamental por uma instituição seja desconfigurado, o que não significa, de todo modo, vedação absoluta e apriorística a formas de controle interinstitucional.

23. Embora a ideia de governo da maioria seja um componente essencial do constitucionalismo democrático, o sistema exige também instituições contramajoritárias, sem as quais não há proteção adequada aos direitos fundamentais, sobretudo aos titularizados por grupos vulneráveis, cujas demandas costumam ser consideradas impopulares e não encontram o amparo devido no processo político convencional. Nesse quadro, a cláusula pétrea institucional da *contramajoritariedade* impede que reformas constitucionais subordinem à política majoritária instituições cuja natureza é essencialmente contramajoritária, o que, de qualquer forma, não impede mecanismos de escrutínio democrático e voltados a tornar essas instituições mais plurais.

24. A cláusula pétrea institucional da *capacidade institucional* veda redistribuições de funções ou mudanças nos perfis das instituições que impliquem o amesquinhamento de sua *expertise*

e vocação axiológica para a proteção de direitos fundamentais. Diante das dificuldades envolvidas no processo de comparação de capacidades institucionais, o constituinte derivado deve ter ampla liberdade para redesenhar as instituições e experimentar novos arranjos. Somente em hipóteses restritas, em que, acima de dúvida razoável, a alteração proposta confere a tutela de um direito fundamental a uma instituição sem formação e vocação axiológica para o exercício da função, é legítimo bloquear o poder de reforma da Constituição. Isso pode ocorrer, basicamente, em duas situações. Na primeira, a distribuição de funções prevista no texto constitucional é mantida, mas os requisitos para um cargo ou o perfil axiológico dos membros de uma instituição são alterados de tal modo que se inviabiliza o desempenho de seu papel. Na segunda, transfere-se uma atribuição de tutela de um direito fundamental para instituição cujos fins e perfil são completamente divorciados daquela função. Por último, convém observar que o fato de o constituinte originário não especificar, na maioria das vezes, a instituição incumbida da tutela de um direito fundamental não confere ao constituinte derivado e ao legislador a prerrogativa de, então, atribuir o encargo a uma instituição sem *expertise* ou vocação axiológica para exercê-lo.

25. Este trabalho corre riscos colonizadores ao lançar mão de um marco teórico de origem sobretudo norte-americana – a obra de John Rawls – e de um instituto eminentemente europeu – as cláusulas pétreas – para desenvolvimento de uma teoria constitucional num país latino-americano, pluriétnico e multicultural. Embora não se tenha uma solução definitiva para esse dilema, é possível esboçar algumas respostas. Em relação à adoção da proposta teórica rawlsiana, não se trata de uma obra fora

de tempo e tampouco de lugar no constitucionalismo brasileiro. Quanto à importação de um instituto de origem estrangeira como as cláusulas pétreas, pode-se responder que elas são um instituto derivado de experiências políticas reais e com forte vocação de contenção do arbítrio. Além disso, especialmente no Brasil, os caminhos não jurídico-judiciais de transformação social encontram-se bloqueados e a Constituição oferece boas possibilidades de disputa aos setores críticos e marginalizados, podendo muito bem ser instrumentalizada em favor de um projeto emancipatório e descolonial. Na quadra histórica que estamos atravessando, nada parece mais revolucionário do que defender, com todos os seus limites, a Constituição de 1988, suas cláusulas pétreas e instituições.

Referências

ACKERMAN, Bruce. *Nós, o povo soberano: fundamentos do direito constitucional.* Tradução: Mauro Raposo de Mello. Belo Horizonte: Del Rey, 2006.

ACKERMAN, Bruce. *O Brasil precisa de uma nova Constituição.* Correio Braziliense, Brasília, 13 de julho de 2020. Disponível em: https://www.correiobraziliense.com.br/app/noticia/opiniao/2020/07/13/internas_opiniao,871622/o-brasil-precisa-de-nova-constituicao.shtml.

ACKERMAN, Bruce. *We the people: foundations.* Cambridge: The Belknap Press, 1991. v. 1.

ALEXY, Robert. *Teoria dos direitos fundamentais.* Tradução: Virgílio Afonso da Silva. São Paulo: Malheiros, 2008.

ARENDT, Hannah. *Origens do totalitarismo.* São Paulo: Companhia das Letras, 2012.

ARGUELHES, Diego Werneck; LEAL, Fernando. *O argumento das "capacidades institucionais" entre a banalidade, a redundância e o absurdo. Direito, Estado e Sociedade,* n. 38, 2011.

ARGUELHES, Diego Werneck; LEAL, Fernando. *Dois problemas de operacionalização do argumento das "capacidades Institucionais". Revista de Estudos Institucionais,* v. 2, 2016.

ÁVILA, Humberto. *"Neoconstitucionalismo": entre a "Ciência do Direito" e o "Direito da Ciência". Revista Eletrônica de Direito do Estado (REDE),* Salvador, Instituto Brasileiro de Direito Público, n. 17, janeiro/fevereiro/março de 2009.

ÁVILA, Humberto Bergmann. *Teoria dos princípios – Da definição à aplicação dos princípios jurídicos.* São Paulo: Malheiros, 2004. 2. ed.

BACHOF, Otto. *Normas constitucionais inconstitucionais?.* Tradução: José Manuel Cardoso da Costa. Coimbra: Almedina, 2014.

BARROSO, Luís Roberto. *Constituição, Democracia e Supremacia Judicial: Direito e Política no Brasil Contemporâneo. Revista Eletrônica de Direito do Estado*, n. 16, 2009.

BARROSO, Luís Roberto. *Curso de Direito Constitucional contemporâneo: os conceitos fundamentais e a construção do novo modelo*. São Paulo: Saraiva, 2015. 5a ed.

BICKEL. Alexander. *The least dangerous branch: the Supreme Court at the bar of politics*. Indianapolis: Bobbs-Merrill, 1962.

BONAVIDES, Paulo. *Curso de Direito Constitucional*. São Paulo: Malheiros, 2019.

BORGES, Guilherme Roman; FERRAZ JUNIOR, Tercio Sampaio. *A superação do Direito como norma: uma revisão descolonial da Teoria do Direito brasileiro*. São Paulo: Almedina, 2020.

BRANDÃO, Rodrigo; SARLET, Ingo Wolfgang. *Comentários ao art. 60*. In: CANOTILHO, José Joaquim Gomes et al. (coord.). *Comentários à Constituição do Brasil*. São Paulo: Saraiva Educação, 2018. p. 1217-1226.

BRANDÃO, Rodrigo. *Direitos fundamentais, democracia e cláusulas pétreas*. Rio de Janeiro: Renovar, 2008.

BRASIL. Congresso. Câmara dos Deputados. Centro de Documentação e Informação. *Quadro histórico do artigo 60 da Constituição Federal de 1988*. Disponível em: http://bd.camara.leg.br/bd/handle/bdcamara/38101.

BRASIL. Justiça Federal. 1ª Vara Federal da Seção Judiciária do Pará. Ação popular 1013760-70.2020.4.01.3900. Belém, 08/07/2020.

BRASIL. Supremo Tribunal Federal. ADI 939. Autor: Confederação Nacional dos Trabalhadores no Comércio. Relator: Ministro Sydney Sanches. Brasília, 15/12/1993.

BRASIL. Supremo Tribunal Federal. ADI 3.367. Autor: Associação dos Magistrados Brasileiros. Relator: Ministro Cezar Peluso. Brasília, 13/04/2005.

BRASIL. Supremo Tribunal Federal. ADI 5.240. Autor: Associação dos Delegados de Polícia do Brasil. Relator: Ministro Luiz Fux. Brasília, 01/02/2016.

BRASIL. Supremo Tribunal Federal. ADPF 101. Autor: Presidente da República. Relatora: Ministra Cármen Lúcia. Brasília, 24/06/2009.

BRASIL. Supremo Tribunal Federal. ADPF 541. Autor: Partido Socialista Brasileiro. Relator: Ministro Roberto Barroso. Brasília, 16/05/2019.

BRASIL. Supremo Tribunal Federal. Extradição 1.085. Requerente: República Italiana. Relator: Ministro Luiz Fux. Brasília, 16/12/2009.

BRASIL. Supremo Tribunal Federal. Habeas Corpus 18.178. Relator: Ministro Hermenegildo Barros. Rio de Janeiro, 01/10/1926. Arquivo Judiciário, v. XVII, n. 5, p. 341.

BRASIL. Supremo Tribunal Federal. Habeas Corpus 82.424. Relator: Ministro Maurício Corrêa. Brasília, 17/09/2003.

BRASIL. Supremo Tribunal Federal. Recurso Extraordinário 135.238. Relator: Ministro Paulo Brossard. Brasília, 20/04/2001.

BUSTAMANTE, Thomas et al. *Por que substituir a Constituição de 1988 não é uma boa ideia*. Jota, Brasília, 01/08/2020. Disponível em: https://www.jota.info/opiniao-e-analise/artigos/por-que-substituir-a-constituicao-de-1988-nao-e-uma-boa-ideia-01082020.

CARVALHO RAMOS, André de. *Teoria geral dos direitos humanos na ordem internacional*. São Paulo: Saraiva, 2013.

CHIAPPIN, J. R. N.; LEISTER, Carolina. *O contratualismo como método: política, direito e neocontratualismo*. *Revista de Sociologia e Política*, v. 18, n. 35, p. 09-26, 2010.

CITTADINO, Gisele. *Apresentação*. In: ACKERMAN, Bruce. *Nós, o povo soberano: fundamentos do direito constitucional*. Tradução: Mauro Raposo de Mello. Belo Horizonte, Del Rey, 2006.

CORBELLINI, Juliano; MOURA, Mauricio. *A eleição disruptiva: por que Bolsonaro venceu?* Rio de Janeiro: Record, 2019.

CORTNER, Richard C. *National Labor Relations Board vs. Jones & Laughlin Steel Corp*. In: HALL, Kermit L; ELY JR., James W. *The Oxford Guide to United States Supreme Court Decisions*. New York: Oxford University Press, 2009. p. 244-245.

DUDZIAK, Mary L. *American Communications Association v. Douds*. In: HALL, Kermit L; ELY JR., James W. *The Oxford Guide to United States Supreme Court Decisions*. New York: Oxford University Press, 2009. p. 11.

ELSTER, Jon. *Ulisses liberto*. Tradução: Cláudia Sant'Ana Martins. São Paulo: Editora UNESP, 2009.

ELSTER, Jon. *Ulysses and the Sirens*. Cambridge: Cambridge University Press, 2013.

EHRLICH, Walter. *Scott vs. Sandford*. In: HALL, Kermit L; ELY JR., James W. *The Oxford Guide to United States Supreme Court Decisions*. New York: Oxford University Press, 2009.

ESPINOSA, Baruch de. *Tratado político*. São Paulo: Abril Cultural, 1979.

FELDENS, Luciano. *Direitos Fundamentais e Direito Penal.* Porto Alegre: Livraria do Advogado, 2008.

FRANCO DE SÁ, Alexandre. *Introdução.* In: SCHMITT, Carl. *O conceito do político.* Tradução: Alexandre Franco de Sá. Lisboa: Edições 70, 2009.

GARCIA-ROZA, Luiz Alfredo. *Posfácio.* In: HOMERO. *Odisseia.* Tradução: Christian Werner. São Paulo: Ubu Editora, 2018.

GAVIÃO FILHO, Anizio Pires. *Direito fundamental ao ambiente.* Porto Alegre: Livraria do Advogado, 2005.

GOMES RIBEIRO, João Coelho. *A gênese história da Constituição Federal: subsídio para sua interpretação e reforma.* Rio de Janeiro: Officinas Graph. da Liga Matírima Brasileira, 1917.

HALL, Kermit L; ELY JR., James W. *The Oxford Guide to United States Supreme Court Decisions.* New York: Oxford University Press, 2009.

HAMILTON, Alexander; MADISON, James; JAY, John. *The Federalist Papers.* Oxford: Oxford University Press, 2008.

HARDIN, Russell. Entrevista conduzida por Cristina Buarque e Fernando Lattman-Weltman. *Revista Estudos Políticos*: a publicação eletrônica semestral do Laboratório de Estudos Hum(e)anos (UFF) e do Núcleo de Estudos em Teoria Política (UFRJ). Rio de Janeiro, n. 7, p. 03-04, dezembro de 2013. Disponível em: http://revistaestudospoliticos.com/.

HARDIN, Russel. *Why a Constitution?* In: GALLIGAN, Denis J.; VERSTEEG, Mila (orgs). *Social and Political Foundations of Constitutions.* Cambridge: Cambridge University Press, 2013.

HAYEK, Friedrich von. *The Constitution of Liberty.* Chicago: University of Chicago Press, 1960.

HOMERO. *Odisseia.* Tradução: Christian Werner. São Paulo: Ubu Editora, 2018.

JOBIM, Nelson Azevedo. *A constituinte vista por dentro – vicissitudes, superação e efetividade de uma história real.* In: LEITE SAMPAIO, José Adércio (coord.). *15 anos de Constituição.* Belo Horizonte: Del Rey, 2004.

KELSEN, Hans. *Teoria pura do Direito.* Tradução: João Baptista Machado. São Paulo: Martins Fontes, 1998.

KENS, Paul. *Lochner vs. New York.* In: HALL, Kermit L; ELY JR., James W. *The Oxford Guide to United States Supreme Court Decisions.* New York: Oxford University Press, 2009. p. 189-192.

KERCHE, Fábio. *O Ministério Público no Brasil: relevância, características e uma agenda para o futuro. Revista USP*, v. 101, p. 113-120, 2014.

KERSHAW, Ian. *Hitler*. Tradução: Pedro Maia Soares. São Paulo: Companhia das Letras, 2015.

LAFER, Celso. *A reconstrução dos direitos humanos: um diálogo com o pensamento de Hannah Arendt*. São Paulo: Companhia das Letras, 1988.

LEITE SAMPAIO, José Adércio (coord.). *15 anos de Constituição*. Belo Horizonte: Del Rey, 2004.

LEONARD, Charles A. *West Coast Hotel Co. vs Parrish*. In: HALL, Kermit L; ELY JR., James W. *The Oxford Guide to United States Supreme Court Decisions*. New York: Oxford University Press, 2009. p. 377-378.

LILLA, Mark. *A mente imprudente: os intelectuais na atividade política*. Tradução: Clóvis Marques. Rio de Janeiro: Record, 2017.

LOCKE, John. *Segundo tratado sobre o governo civil e outros escritos*. Tradução: Magda Lopes e Marisa Lobo da Costa. Petrópolis: Vozes, 2001. 3. ed.

MALESON, Diane C. *Carter vs. Carter Coal Co*. In: HALL, Kermit L; ELY JR., James W. The *Oxford Guide to United States Supreme Court Decisions*. New York: Oxford University Press, 2009. p. 55-56.

MARTIN, Richard P. *Apresentaçao*. In: HOMERO. *Odisseia*. Tradução: Christian Werner. São Paulo: Ubu Editora, 2018.

MATTEUCCI, Nicola. *Contratualismo*. In: BOBBIO, Norberto; MATTEUCCI, Nicola; PASQUINO, Gianfranco (org.). *Dicionário de política*. Tradução: Carmen Varriale. Brasília: Editora Universidade de Brasília, 2004. p. 272-283.

MENDES, Gilmar Ferreira; GONET BRANCO, Paulo Gustavo. *Curso de Direito Constitucional*. São Paulo: Saraiva, 2012. 7. ed.

MIRANDA, Jorge. *Teoria do Estado e da Constituição*. Rio de Janeiro: Editora Forense, 2019.

MONTESQUIEU, Charles Louis de Secondat. *O espírito das leis*. Tradução: Pedro Vieira Mota. São Paulo: Saraiva, 1998. 5. ed.

MULLER, Friedrich. *Métodos de trabalho do Direito Constitucional*. Tradução: Peter Naumman. São Paulo: Max Limonad, 1999.

MURPHY, Walter F.; FLEMING, James E.; BARBER, Sotirios A. *American Constitutional Interpretation*. New York: The Foundation Press, 1995.

OLIVEIRA, Nythamar de. *Rawls*. Rio de Janeiro: Jorge Zahar, 2003.

ORGANIZAÇÃO DOS ESTADOS AMERICANOS. Corte Interamericana de Direitos Humanos. *Caso Castillo Petruzzi e outros Vs. Peru*. Fondo, Reparaciones y Costas. Sentencia de 30 de mayo de 1999. Serie C, n. 52. Disponível em: http://www.corteidh.or.cr/docs/casos/articulos/seriec_52_esp.pdf.

PEREIRA, Jane Reis Gonçalves. *Interpretação constitucional e direitos fundamentais*. São Paulo: Saraiva, 2018. 2. ed.

PRIETO SANCHÍS, Luis. *Neoconstitucionalismo y ponderación judicial*. In: CARBONELL, Miguel. *Neoconstitucionalismo(s)*. Madrid: Editoral Trotta, 2013.

PRITCHETT, C. Herman. *Schecter Poultry Corp. vs United States*. In: HALL, Kermit L; ELY JR., James W. *The Oxford Guide to United States Supreme Court Decisions*. New York: Oxford University Press, 2009. p. 320-321.

QUINTANA, Linares. *Reglas para la interpretación constitucional*. Buenos Aires: Plus Ultra, 1987.

RATTON JÚNIOR, José Luiz de Amorim; MORAES, Jorge Ventura. *Para ler Jon Elster: limites e possibilidades da explicação por mecanismos nas Ciências Sociais. Dados – Revista de Ciências Sociais*, v. 46, n. 02, p. 385-410. Rio de Janeiro: 2003.

RATTON JÚNIOR, José Luiz de Amorim. *Ulisses liberto ou Prometeu acorrentado?* Tese (Doutorado em Sociologia), Universidade Federal de Pernambuco, Recife, 2003.

RAWLS, John. *O liberalismo político*. Tradução: Álvaro de Vita. São Paulo: Martins Fontes, 2001.

RAWLS, John. *Uma teoria da justiça*. São Paulo: Martins Fontes, 2016.

RIBEIRO, Ludmila. *Ministério Público: Velha instituição com novas funções? Revista Crítica de Ciências Sociais*, n. 113, p. 51-82, 2017.

RICHARD, Lionel. *A República de Weimar*. São Paulo: Companhia das Letras, 1988.

SANTOS, Boaventura de Sousa. *Para uma revolução democrática da justiça*. Coimbra: Almedina, 2014.

SANTOS, Boaventura de Sousa. *Pela mão de Alice: o social e o político na pós-modernidade*. São Paulo: Cortez, 2003. 9. ed.

SARLET, Ingo Wolfgang. *Comentários ao art. 5º, § 2º*. In: CANOTILHO, José Joaquim Gomes et al. (coord.). *Comentários à Constituição do Brasil*. São Paulo: Saraiva Educação, 2018. p. 549-552.

SARLET, Ingo Wolfgang; MARINONI, Luiz Guilherme; MITIDIERO, Daniel. *Curso de direito constitucional*. São Paulo: Saraiva Educação, 2019. 8. ed.

SARMENTO, Daniel. *Dignidade da pessoa humana: conteúdo, trajetórias e metodologia.* Belo Horizonte: Fórum, 2016.

SARMENTO, Daniel; SOUZA NETO, Cláudio Pereira de. *Direito Constitucional: teoria, história e métodos de trabalho.* Belo Horizonte: Forum, 2013.

SARMENTO, Daniel. *Ubiqüidade constitucional: os dois lados da moeda.* In: SARMENTO, Daniel. *Livres e iguais: estudos de direito constitucional.* Rio de Janeiro: Lumen Juris, 2006.

SILVA, Virgílio Afonso da. *Direitos fundamentais: conteúdo essencial, restrições e eficácia.* São Paulo: Malheiros, 2009.

SOUTO, João Carlos. *Suprema Corte dos Estados Unidos: principais decisões.* São Paulo: Atlas, 2015. 2. ed.

SOUZA NETO, Cláudio Pereira de. *Teoria Constitucional e Democracia Deliberativa.* Rio de Janeiro: Renovar, 2006.

SUNSTEIN, Cass; VERMEULE, Adrian. *Interpretation and Institutions. Michigan Law Review*, v. 101, 4, 2003.

SUNSTEIN, Cass; VERMEULE, Adrian. *Interpretive Theory in its Infancy: A Reply to Posner. Michigan Law Review*, v. 101, 4, 2003. Disponível em: https://repository.law.umich.edu/cgi/viewcontent.cgi?article=1792&context=mlr.

VASAK, Karel. *For the Third Generation of Human Rights: The Rights of Solidarity.* In: VASAK, Karel. *The international dimension of human rights.* Paris: Unesco, 1982.

VENTURA, Zuenir. *1968: o ano que não terminou.* São Paulo: Editora Planeta do Brasil, 2008.

VIEIRA, Oscar Vilhena. *A batalha dos poderes: da transição democrática ao mal-estar constitucional.* São Paulo: Companhia das Letras, 2018.

VIEIRA, Oscar Vilhena. *A constituição e sua reserva de justiça: um ensaio sobre os limites materiais ao poder de reforma.* São Paulo: Malheiros, 1999.

VITA, Álvaro de. *Apresentação da edição brasileira.* In: RAWLS, John. *Uma teoria da justiça.* São Paulo: Martins Fontes, 2016.

VOLPATO DUTRA, Delamar José; MOURA, Julia Sichieri. *Apresentação: Democracia e Constituição na Teoria de Bruce Ackerman.* In: ACKERMAN, Bruce. *Transformação do direito constitucional: nós, o povo soberano.* Tradução: Julia Sichieri Moura e Mauro Raposo de Mello. Belo Horizonte: Del Rey, 2008.

WALDRON, Jeremy. *A essência da oposição ao judicial review.* In: BIGONHA, Antonio Carlos Alpino; MOREIRA, Luiz (org.). *Legitimidade da jurisdição constitucional.* Rio de Janeiro: Lumen Juris, 2010.

WALDRON, Jeremy. *Law and disagreement*. Oxford: Oxford University Press, 2004.

WALDRON, Jeremy. *Precommitment and Disagreement*. In: ALEXANDER, Larry. *Constitutionalism: Philosophical Foundations*. Cambridge: Cambridge University Press, 1998. p. 271-297.

WERNER, Christian. *Introdução*. In: HOMERO. *Odisseia*. Tradução: Christian Werner. São Paulo: Ubu Editora, 2018.

WHAT happened to Brazil. Dirigido por Daniela Martins. Londres: British Broadcasting Corporation (BBC), 2018. 70 minutos.

EDITORA JusPODIVM
www.editorajuspodivm.com.br